W0333886

Zeit für Marokko

Den Zauber des Orients entdecken und genießen

Christian Heeb · Astrid Därr

BRUCKMANN

Inhalt

1

2

1 Rif-Bäuerinnen mit typischer Huttracht. **2** In Marokko üblich: Türklopfer statt Klingel. **3** Architektonisches Detail: *zelliges* heißen die bunten Keramikfliesen. **4** Dekorative Palmen gehören in jeden Riad. **5** Filigran und kunstvoll: Silberarbeiten.

Riads, ruhige Gärten im lauten Getümmel der Altstädte. Die grünen Innenhöfe mit Orangenbäumen, blühenden Bougainvilleen, Rosen und duftendem Jasmin bilden das Zentrum des traditionellen, orientalischen Stadthauses. Das in der Mitte des Hofs in Form eines Springbrunnens oder Bassins sprudelnde Wasser ist der Lebensquell für die Großfamilie im Haus. Abgeschlossen von der Außenwelt verbrachten bis Mitte des 20. Jahrhunderts Frauen in Harems fast ihr ganzes Leben in versteckten Palästen hinter den kahlen Mauern der Medinas. Heute entdecken immer mehr Liebhaber und Investoren aus der ganzen Welt diese Stadtoasen und gestalten sie zu luxuriösen Unterkünften um. Das *La Mamounia Palace* in Marrakesch ist eines der schönsten Beispiele für ein Hotel im orientalischen Palaststil.

Marhaba!

Willkommen im Land der Sinne!

Zauberhafte Märchen aus dem Morgenland, von listigen Händlern, Karawansereien, bösen Geistern und Liebenden, erzählt Sheherazade 1001 Nächte lang ihrem brutalen Ehemann und Herrscher, den sie damit so fesselt, dass dieser es nicht übers Herz bringt, sie hinrichten zu lassen. Seit der ersten Übersetzung der jahrhundertealten persischen Geschichten erzeugt der Begriff »1001 Nacht« bei uns Assoziationen vom fremden unbekannten Orient voller Farben, Gerüche, exotischer Märkte und Paläste. In Marokko, nur 35 Minuten Überfahrt mit der Fähre von Spanien nach Tanger oder vier Stunden Flugzeit von Deutschland entfernt, existiert noch ein Stück dieses märchenhaften orientalischen Zaubers. Seen und Zedernwälder im Mittleren Atlas, Höhlensysteme und Wasserfälle, schroffe Berge, Schluchten und Gebirgsflüsse im Hohen Atlas, 150 Meter hohe Dünen im Erg Chebbi, Sand- und Steinwüste bei M'hamid, Granitformationen und Arganienbäume im Anti-Atlas, andalusisches Flair in Asilah und Chefchaouen und weiße Sandstrände – wohl kein anderes nordafrikanisches Land bietet eine ähnliche landschaftliche Vielfalt wie Marokko. Auch kulturell ist es höchst abwechslungsreich: Portugiesische Festungen entlang der Atlantikküste stehen neben Kleinoden maurischer Architektur wie Sultanspalästen, theologischen Lehrstätten und Moscheen, verwinkelte Ksour (Lehmdörfer) neben Palmenoasen entlang des Drâa und Dadès, mächtige Lehmburgen entlang der Straße der Kasbahs, Speicherburgen im Anti-Atlas, römische Ruinen in Volubilis.

Ein Spaziergang durch die Medina von Fès oder Marrakesch entführt in eine archaische, längst vergangen geglaubte Welt. Der Duft von exotischen Gewürzen und frischer Minze vermischt sich mit dem beißenden Geruch von Beize und Abfall. Mit Säcken beladene Esel schieben sich, begleitet vom lauten Rufen ihrer Besitzer, durch die engen Gassen voller Menschen. Das Stimmengewirr wird übertönt vom lauten »Allahu akbar!« des Muezzin, der fünfmal am Tag zum Gebet ruft. Die der Gasse zugewandten Mauern wirken zunächst abweisend, kahl und fensterlos. An den bogenförmigen Eingangstoren hängen schwere Türklopfer in Form einer Hand – die »Hand der Fatima« schützt vor dem bösen Blick. Im Inneren, verschlossen für die Außenwelt, verbergen sich dann aber oft prächtige Paläste einstiger Paschas, Wesire oder wohlhabender Großfamilien. Der Boden des zum Himmel offenen Innenhofs, um den sich die Salons gruppieren, glänzt in weißem Marmor. In der Mitte des Hofs plätschert ein Springbrunnen – das Zentrum des Hauses. Orangen- und Zitronenbäume, Bougainvilleen und Rosen verwandeln den Hof eines Riads in einen verwunschenen Garten. Kleinteilige, geometrisch gemusterte Mosaike aus grünen, blauen, gelben, schwarzen und roten Kacheln bedecken Wände, Säulen, Brunnen und Boden. Üppige Stuckornamentik verziert Säulenkapitelle, Bogengänge und Decken der Salons. Die meist meterhohen Flügeltüren zu den Salons sind aus duftendem Zedernholz geschnitzt. Die kunsthandwerkliche Raffinesse, die Durchflutung mit Licht und Luft, die Ruhe inmitten des chaotischen Lebens der Medina zeichnen das traditionelle, städtische Wohnhaus Marokkos, den Dar oder Riad aus. Und was wäre Marrakesch, die »Rote Stadt« zwischen Bergen und Wüste, ohne seine Riads? Inzwischen hat sich wohl fast jede europäische Zeitschrift für Design, Wohnarchitektur oder Lifestyle mit dem orientalischen Lebensstil in einem marokkanischen Stadthaus befasst. Internationale Immobilienagenturen verkaufen in Marrakesch, Fès, Asilah und Essaouira Hofhäuser in jeder Größe und Preisklasse über das Internet. Egal ob Filmstars, Künstler, Aussteiger, Rentner oder der gewöhnliche Mitteleuropäer mit Hang zum Orient – ein Stadthaus in Marrakesch zu bewohnen, ist nichts Ungewöhnliches mehr.

Die für den europäischen Geschmack modellierte orientalische Wohnkultur bleibt dem Touristen natürlich nicht vorenthalten. Beinah täglich eröffnet ein neues *maison d'hôtes* in einer marokkanischen Medina: ein persönliches, individuell gestaltetes Hotel in einem traditionellen Stadthaus, das Gegenteil eines standardisierten Hotelbunkers mit Flat-TV und Minibar. Wer möchte, erlebt Marokko jede Nacht in einem neuen, aufregenden Ambiente: im ehemaligen Palast eines Paschas oder umgeben von dicken Lehmmauern in einer Kasbah (Berberburg), in einer altehrwürdigen Kolonialvilla oder im Sand unter dem Sternenhimmel der Wüste, im offenen Nomadenzelt, im Matratzenlager einer *gîte d'étape*, im Lehmhaus unter Dattelpalmen ... – Egal wo man seinen Urlaub in Marokko verbringt,

1 Die richtige Einschenkhöhe sorgt für eine optimale Schaumkrone auf dem Tee. **2/4** Dîner spectacle zur Unterhaltung der Gäste im »Al Fassia« von Fès mit Gnaoua-Musikern und Bauchtänzerinnen. **3** Laut und wild geht es bei einer »Fantasia« zu. Reiterspiele und Gesang wechseln sich ab.

eines bleibt einem immer im Ohr: »*Marhaba!*«, »*Soyez les bienvenues au Maroc!*«, »*Welcome in Morocco!*« Das ist sie, die sprichwörtliche arabische Gastfreundlichkeit. Und wenn man sich auf die Menschen einlässt, die man besucht, ihnen offen begegnet und Kontakte außerhalb der großen Touristikzentren knüpft, so wird man von ihr überwältigt sein. Diese Gastfreundlichkeit hört nicht bei einer Einladung zum Tee auf, sondern kann sogar so weit führen, dass man für Wochen in einer Familie zu Gast ist und verköstigt und verhätschelt wird wie ein Familienangehöriger. Uns fällt es in einer derartigen Situation schwer, ein nur annäherndes Maß dieser bedingungslosen Herzlichkeit zurückzugeben, welche die international bekannte marokkanische Schriftstellerin Fatima Mernissi *hanan* (Zärtlichkeit) nennt.

Aber Marokko kann auch anders sein. Immer wieder kursieren Storys von der alleinreisenden, blonden Frau, die gegen ein paar Kamele eingetauscht wurde oder spurlos verschwunden ist. Dabei handelt

3

4

1

2

3

es sich natürlich um Horrorgeschichten. Aber der aufdringliche Teppichhändler, der mit allen Tricks versucht, seine Kundschaft zum Kauf zu überreden, die *faux guides*, die Führer ohne staatliche Autorisation, die von einem Souvenirshop zum nächsten leiten und Provisionen einstecken, gehören mancherorts leider immer noch zum Alltag. Obgleich die Regierung keine Anstrengungen scheut, die Bevölkerung für ihr Verhalten gegenüber Touristen zu sensibilisieren, bleibt der Besucher nicht überall unbehelligt. Hier ist Gelassenheit statt Aggressivität und Arroganz gefragt. Jeder möchte schließlich ein bisschen vom Tourismus profitieren, sei es durch den Verkauf eines glitzernden Amethysten, eines silbernen Armbands oder eines großen Berberteppichs. Ein Lächeln und ein witziger Spruch ernten Sympathie, auch wenn die Nerven schon blank liegen.

Marokko ist Europa heute so nahe wie nie zuvor. Nur 15 Kilometer trennen Tarifa in Südspanien vom afrikanischen Kontinent. Der reformwillige und auch als »König der Armen« bezeichnete Endvierziger Mohamed VI. führt sein Land derzeit in die Moderne. Trotz massiver Widerstände setzte der König, kurz »M 6« genannt, im Jahr 2004 ein neues Familienrecht durch, das die Rechte der Frauen erheblich stärkt: Das Heiratsalter der Frauen wurde auf 18 Jahre heraufgesetzt, die Mehrehe wesentlich erschwert und den Frauen ein eigenständiges Klagerecht bei Scheidungen zugestanden. Der König engagiert sich für mehr Bildung – mehr als 50 Prozent der marokkanischen Frauen können nicht lesen und schreiben –, für die Bekämpfung der Armut und die Verbesserung der Infrastruktur wie etwa die Versorgung der ländlichen Gebiete, in denen noch viele Menschen ohne Strom und fließendes Wasser leben, mit Elektrizität. Im Jahr 2002 heiratete Mohamed VI. die Informatikingenieurin Salma Benanni, 2003 kam der Thronfolger Prinz Moulay al-Hassan, 2007 die Prinzessin Lalla Khadija zur Welt. Bei den riesigen Hochzeitsfeierlichkeiten wurde zum ersten Mal in der Geschichte des Landes die Frau des Königs offiziell gezeigt und fotografiert – von der Königinmutter existiert kein einziges Bild.

Der Personenkult um das religiöse und staatliche Oberhaupt ist bis heute stark ausgeprägt: Es gibt kein öffentliches Gebäude, Büro, Café oder einen großen Platz ohne das Porträt des Königs, meist vor der roten Nationalflagge mit dem grünen Stern. Eine Beleidigung des Monarchen oder Königshauses ist nicht nur unvorstellbar, sondern sogar bei Strafe verboten. Die hohe Arbeitslosigkeit (etwa 10 Prozent), vor allem unter Akademikern, die Korruption, der immer noch ungelöste Westsahara-Konflikt und die Beteiligung von Marokkanern im internationalen Terror stellen den beliebten König allerdings vor eine große

1 Türklopfer am Mausoleum von Mohammed V. in Rabat. **2** Waren- und Informationsaustausch auf dem Markt. **3** Die Medersa Ben Youssef in Marrakesch ist von hochfiligranen Mustern überzogen. **4** Zedernholzdecke im Bahia-Palast in Marrakesch. **5** Souks bieten Leckereien jeder Couleur.

Herausforderung. Im Zuge des »Arabischen Frühlings« kam es im Jahr 2011 auch in Marokko zu Demonstrationen vor allem junger Marokkaner. Die »Bewegung 20. Februar« setzt sich für mehr soziale Gerechtigkeit, weniger Arbeitslosigkeit und für den Kampf gegen die Armut und Korruption ein. Der reformwillige König reagierte darauf mit einem Referendum über eine Verfassungsänderung, die dem Parlament künftig mehr Befugnisse erteilt. Die große Popularität von Mohamed VI. bleibt ungebrochen.

Die Bewohner des Königreichs verstehen sich im Allgemeinen selbst nicht als Afrikaner. Marokko gehört zum Maghreb, dem nordafrikanischen Kulturkreis mit Tunesien, Algerien und Libyen, der sich grundlegend von den südlichen schwarzafrikanischen Ländern unterscheidet. Gleichzeitig gibt es nicht *den* Marokkaner. Die kulturelle Identität des Landes ist zweigeteilt. Bei einer Reise durch Marokko hört man immer wieder: *»Je suis Arabe, je ne suis pas comme les Bérbères!«* (»Ich bin Araber, ich bin nicht wie die Berber«) oder *»Je suis Bérbère, je suis différent«* (»Ich bin Berber, ich bin anders«). Diese Sätze werden gegenüber Fremden mit stolz geschwellter Brust und erhobenem Kopf geäußert. Und jeder hebt die besonderen positiven Seiten seiner Zugehörigkeit hervor. Untersuchungen gehen davon aus, dass etwa 50 Prozent der Bevölkerung Marokkos berberischen Ursprungs sind. Die Berber oder »Amaziren« leben vor allem in den ländlichen Regionen und in den Bergen Marokkos. Die meisten großen Städte – mit Ausnahme von zum Beispiel Marrakesch – sind dagegen von Arabern dominiert, die mit dem Eroberungszug des Islam unter Oqba Ibn Nafi im 7. Jahrhundert nach Marokko kamen. Das kulturelle und politische Wechselspiel zwischen Berbern und Arabern zeigt sich am deutlichsten in der Geschichte: Ab dem 8. Jahrhundert n. Chr. wechselten sich berberische und arabische Herrscherdynastien stetig ab. Idris I., der Staatsgründer des unabhängigen Marokko und direkter Nachkomme Mohammeds, etablierte bis zu seiner Vergiftung durch die Abbasiden die erste arabische Dynastie der Idrissiden (786–921). Sein Sohn Idris II. machte Fès als schiitische »Stadt des Islam« zur Hauptstadt. Auch die Fatimiden und Omayyaden (921–1061) waren arabische Herrscher, kamen aber nicht gegen die Widerstände der

1 Himmel über der Wüste bei Zagora. **2** Kein Stadtpalast ohne Dachterrasse mit Panoramablick. **3** Typische Elemente eines Riads: Mosaike, Springbrunnen und Orangenbäume. **4** Ein Ort der Zusammenkunft: die Moschee.

unabhängig gebliebenen Berberstämme aus den ländlichen Regionen und des Südens an. Im 10. Jahrhundert beschränkte sich der Islam schiitischer und sunnitischer Glaubensrichtung immer noch hauptsächlich auf die arabisch dominierten Städte. Mit dem Zerfall des andalusischen Kalifats nutzten Berber aus dem Süden ihre Chance zur Machtergreifung, was zur Herrschaft der berberischen Dynastie der Almoraviden (1061–1147) führte. Der Heerführer Youssuf Ibn Taschfin machte Marrakesch zu seiner Machtbasis und drang später sogar nach Andalusien vor.

Mit den Almohaden (1147–1269), deren Führer Ibn Toumert sich vor den Verfolgern in die Bergwelt des Hohen Atlas nach Tinmal flüchtete, folgte eine weitere Berber-Dynastie. Die Almohaden beherrschten zeitweise den gesamten Südwesten Andalusiens und zerstörten fast alle Bauwerke der Almoraviden. Die unter dem größten Herrscher der Dynastie, Yacoub el Mansour, geschaffenen Bauten zählen indes zu den besterhaltenen und schönsten architektonischen Monumenten in Marokko: Die Giralda in Sevilla, der Hassan-Turm in Rabat und die Koutoubia in Marrakesch dienen bezüglich Form und Dekor noch heute als architektonische Vorbilder für Minarette. Die Entwicklung des maurischen Baustils mit seiner prachtvollen Ornamentik ist dem Zusammenspiel andalusischer, berberischer und arabischer Einflüsse zu dieser Zeit zu verdanken.

Ab 1269 schufen die berberischen Meriniden (bis 1465) ein neues Machtzentrum in Fès, das auch von den Ouattasiden (1465–1554) beibehalten wurde. Die religiösen Bauwerke der Meriniden wie die Medersa Bou Inania in Fès übertrafen in ihrer kunsthandwerklichen Ausschmückung mit Stuck, Zedernholzschnitzereien und Mosaiken alles bisher Dagewesene. Nach den aus dem Drâa-Tal stammenden arabischen Saadiern (1554–1667) folgten schließlich die Alaouiten (ab 1667), die heutige Herrscherdynastie, die sich als direkte Nachkommen des Propheten Mohammed (Scherifen) verstehen. Die wohl schillerndste Gestalt der Dynastie war Moulay Ismail, der die aufständischen Berberstämme wieder in ihre Heimatregionen zurückdrängte und dessen Gigantismus und Prunksucht sich am deutlichsten in der von ihm geschaffenen »Ville impériale« offenbarte, der neuen Hauptstadt in Meknès.

Die französischen Kolonialherren (1912–1956) versuchten später sogar, die Differenzierung zwischen Marokkanern und den uneinheitlichen Berberstämmen 1930 mit dem *dahir bérbère* offiziell zu manifestieren. Die Berber wurden damit aus der arabisch-islamischen Gesellschafts- und Rechtsordnung ausgeschlossen, dafür wurde ihnen eine eigene Rechtsprechung nach ihrem Gewohnheitsrecht zugebilligt.

Zwangsläufig stellt sich bei der Beschäftigung mit der marokkanischen Geschichte irgendwann die Frage: Wer sind die Berber überhaupt? Vermutlich von den Römern »Barbarus«, »die Stammelnden«, genannt, sind sie die eigentlichen »Ureinwohner« des Maghreb mit einer eigenen, für die Römer damals unverständlichen Sprache und Kultur. Ihre genaue Herkunft liegt allerdings noch immer im Dunkeln und mit ihrer Vielzahl an Stämmen in Marokko, Algerien und Tunesien stellen sie genauso wenig ein einheitliches Volk dar wie »die« Marokkaner. Die gegenwärtige Definition spricht vom Berber als einem Menschen, der eine Berbersprache spricht. Aber hier setzen sich die Definitionsschwierigkeiten noch fort: Die Dialekte sind zum Teil so unterschiedlich, dass sich ein Berber aus dem Rif nicht mit einem Bewohner des südlichen Hohen Atlas verständigen kann. Vereinfacht werden die Berber Marokkos deshalb in drei Sprach- und Volksgruppen unterteilt: die Beraber oder Imaziren sprechen »Tamazirt«, die Chleuh »Tachelheit« und die Rifkabylen (Zenata) »Tarifit«. Wegen der Dominanz des Arabischen als Staats- und Handelssprache, im Alltag, in den Medien und Schulen sowie mangels einer berberischen Schrift (mit Ausnahme des »Tifinar« der Tuareg) drohten die Berbersprachen aus dem Bewusstsein zu verschwinden. Erst in den letzten zehn Jahren ernteten die Bestrebungen zur Stärkung der berberischen Identität Erfolge, etwa im Juni 2011 mit der Anerkennung von Tamazirt als offizielle Landessprache neben Arabisch. Die Orientierung am sunnitischen Islam führt (arabisierte) Berber und Araber in Marokko ohnehin wieder zusammen. Beim Freitagsgebet in der Großen Moschee und an den großen religiösen Festtagen wie Aït el Kebir zelebrieren Araber wie Berber ihren Glauben und sind nur eins – nämlich Moslems.

Dieses Buch entführt in eine Welt zwischen Moderne und orientalischer Tradition, zwischen Eselskarren und Touristenbussen, Paschapalästen und Nomadenzelten, Palmenoasen und Großstädten. Die facettenreichen Traumziele und Sehenswürdigkeiten des Landes werden ebenso beschrieben wie ausgefallene oder prunkvolle Unterkünfte, in denen nicht nur Entspannung, sondern auch interessante Entdeckungen und Begegnungen möglich sind.

Nur wenige Kilometer Meer liegen zwischen Marokko und Spanien.

Entlang der Mittelmeer- und Atlantikküste

1

2

4

Rif, Kiff und das Flair Andalusiens

Tétouan und Chefchaouen im Rifgebirge

Durch das Rifgebirge mit grünen Hügeln und weißen, an den Hängen klebenden Häusern führt eine kurvige Straße zu den Städten Tétouan und Chefchaouen. Ihre malerischen Altstädte sind andalusisch geprägt und von Touristen wenig besucht.

Vorbei sind die Zeiten, als Besucher des Rifgebirges von Drogenverkäufern auf engen Serpentinenstraßen über zig Kilometer hupend verfolgt und mit dreisten Tricks zum Anhalten gezwungen wurden. Zwar ist Marokko noch immer einer der größten Cannabis-Produzenten der Welt – und diese Droge wird vor allem im nördlichen Rif angebaut –, aber heute muss sich der Reisende nicht mehr vor einer Fahrt durch die malerischen Landschaften des nördlichen Marokko fürchten. Ein Programm der UNO hat sich inzwischen der Region angenommen, um die wirtschaftliche Entwicklung unabhängig vom Drogenanbau positiv zu steuern. Ein lockeres Traveller-Outfit verführt zwar immer noch einige Händler in Tétouan und Chefchaouen zu eindeutigen Angeboten – »You want Haschisch?« –, aber werden diese eindeutig ignoriert, steht dem ungestörten Bummel durch die Gassen der beschaulichen Altstädte nichts mehr im Weg. Tétouan liegt nur etwa 11 Kilometer von der Mittelmeerküste entfernt. Die Nähe zu Europa bemerkt der Reisende schon daran, dass die Bewohner des Nordens häufig besser Spanisch als Französisch sprechen. Dies ist auch historisch begründet. Nachdem der Sultan Moulay Ismail auf die Förderung der Handelsbeziehungen mit Europa setzte, strömten Anfang des 17. Jahrhunderts viele Kaufleute und Händler aus Spanien in die Siedlung nahe des Meeres. 1860 nahm Spanien dann das ehemalige Piratennest ein. Von 1912 bis zur Unabhängigkeit 1956 war Tétouan die Hauptstadt der spanischen Protektoratszone. Heute zählt die Hauptstadt der gleichnamigen Provinz etwa 500 000 Einwohner und der andalusische Einfluss macht sich noch deutlich in der Architektur und in der Musik bemerkbar. Tétouan pflegt außerdem intensive Handelsbeziehungen zur spanischen Exklave Ceuta in etwa 40 Kilometern Entfernung. Ein Stadtbummel beginnt an der Place Moulay Al Mehdi in der Neustadt – eine gelbe Kirche am Platz zeugt von der spanischen Vergangenheit. Von dort führt die Av. Mohamed V. an schönen, kolonialen Häuserfassaden mit schmiedeeisernen Balkonen vorbei zur Place Al Jala und weiter zum weitläufigen Paradeplatz Place Hassan II. Hier thront der Kö-

1 und **3** Weiß leuchten Moscheen und Häuser an den grünen Hängen des Rifgebirges. **2** Rifbäuerinnen bei der Feldarbeit. **4** Die Mauern der andalusisch-geprägten Medina von Chefchaouen sind in bezauberndem Blau getüncht. Der Ort gilt als einer der schönsten in Marokko.

1

2

nigspalast Dar el Makhzen, den man bei einem *thé à la menthe* in einem der Cafés ausgiebig bewundern kann, bevor man sich ins Getümmel der Medina (Altstadt) stürzt. Südlich der Place Hassan II. schließt die Mellah an, das Judenviertel, in dem sich die aus Spanien geflüchteten Juden im 15. Jahrhundert ansiedelten und das Anfang des 19. Jahrhunderts von Sultan Suleiman neu errichtet wurde. Die für jüdische Viertel typischen Balkone, Erker und großen Fenster zieren die Häuser zur Straßenseite. Die marokkanischen Mellahs (Judenviertel) unterscheiden sich schon auf den ersten Blick von der arabischen Medina. Bei der islamischen Architektur öffnen sich die Häuser zum Innenhof, nach außen sind nur kahle Wände und kleine hochliegende Fenster sichtbar.
Das »Tor der Winde«, das Bab er Rouah, führt in die Medina von Tétouan, eine der größten des Landes, umgeben von 1,20 Meter dicken und bis zu sieben Meter hohen Mauern. Sie ist vom Tourismus noch weitgehend unberührt und steht als Weltkulturerbe unter dem Schutz der UNESCO. Im Nordwesten thront die militärisch genutzte Kasbah (Burganlage) aus dem 17. Jahrhundert über der Altstadt. Die Viertel der Medina sind nach Handwerksberufen gegliedert: Kupfer- und Silberschmiede, Tischler, Gerber, Töpfer ... Am Gharsa el-Kebira, dem Stoffmarkt, bieten Rifbäuerinnen mit ihren großen Strohhüten

3

1 Eine Berberfrau in der typischen Tracht der Rifis: mit Bommelhut und gestreiftem Tuch. **2** Der Sonntagsmarkt von Tétouan bietet quirliges Leben und eine Vielfalt an Farben und Düften. **3** Die Medina von Tétouan gehört zum UNESCO-Weltkulturerbe. **4** An der zentralen Place Hassan II. in Tétouan. **5** In den Gassen der Altstadt von Tétouan.

die traditionellen Stoffe und Decken an. Wem schon der Magen knurrt, der sollte sich nördlich halten, vorbei an der Großen Moschee, und eines der für Marokko typischen Palastrestaurants ansteuern: Prunkvolle Zedernholzarbeiten und Stuckornamente zieren den »Palace Bouhlal«, von dessen Dachterrasse aus man einen herrlichen Blick über die Dächer und die umliegenden Berge genießt. Weiter geht es über die quirligen Märkte in Richtung des östlichen Stadttors Bab Oqla. Hier bieten Händler alles für den täglichen Bedarf feil. Das Angebot ist noch nicht so auf Touristen ausgelegt wie etwa in Marrakesch. Lässt man sich durch die engen Gassen mit ihren weiß gekalkten, von Natursteinen eingefassten Rundbögen treiben und die Gerüche, Farben und Geräusche auf sich wirken, so entwickelt sich unweigerlich ein Verständnis für die orientalische Lebensweise in den Altstädten Marokkos.

Neben dem Weltkulturerbe Tétouan gehört auch Chefchaouen zur Kategorie »Must see« in Nordmarokko. Die kurvige Fahrt von Tétouan ins 60 Kilometer weiter südlich liegende »Chaouen« (sprich: Tschauen) führt vorbei an felsigen Gipfeln des Rifgebirges durch eine fantastische Landschaft. Besonders schön ist es hier im Frühjahr, wenn alles grünt und blüht. Die Straße flankieren Feigenkakteen, Ginster, gelb blühende Mimosenbäume und knorrige Olivenbäume.

Die einzeln stehenden Thujen auf den grünen Hügeln lassen an die Toskana denken. Die weißen Gehöfte der Rifbauern kleben an den Hängen und Frauen verkaufen die für die Region typischen Strohhüte mit dicken Wollbommeln. Reihen von Olivenbäumen gliedern die fruchtbaren Hügel in Parzellen mit Getreide- und Gemüsefeldern. Esel und Schafe weiden am Straßenrand. Ab und zu entdeckt man noch eine von zwei Eseln angetriebene Ölmühle mit schweren Mühlsteinen. Schon aus der Ferne sind die weißen Minarette und Häuser von Chefchaouen sichtbar. Der Ort ist eines der charmantesten und deshalb zunehmend von Touristen besuchten Städtchen in Marokko. Mit seinen – nach offiziellen Angaben – insgesamt 20 Moscheen und Gebetsstätten, elf Zaouias (Heiligengedenkstätten) und 17 Mausoleen gilt Chefchaouen als religiöses Zentrum. Die Stadtgründung geht auf den Sherif Moulay Ali Ibn Rachid im 15. Jahrhundert zurück, der portugiesischen und spanischen Eindringlingen vehement Wider-

1

2

3

stand leistete. Bis 1920 war die fromme Stadt für Christen verbotenes Terrain, angeblich gelang es dem Saharaforscher und Pater Charles de Foucauld, als Moslem verkleidet, bis zu dem abgeschlossenen Ort vorzudringen, allerdings Ende des 19. Jahrhunderts. Während des Rif-Kriegs Anfang der 1920er-Jahre diente Chefchaouen dem legendären Rebellenführer Abd el Krim el Khattabi als strategischer Stützpunkt im Kampf gegen Spanien. Er ist bis heute eine Heldenfigur der Berber. Erst 1926 gelang es den Spaniern mit Hilfe der Franzosen, die Stadt einzunehmen.
Über das Bab el Aïn gelangt man von der Hauptstraße der Neustadt – wie üblich nach Hassan II. benannt – in die malerische Medina. Mit dem Taxi kann man auch direkt an der Place el Makhzen halten, nahe des Hauptplatzes der Medina, dem Outa el Hammam. An diesem mit schattigen Bäumen bestandenen Platz befinden sich die Kasbah und die Große Moschee mit ihrem achteckigen Minarett. Die Burganlage aus gestampftem Lehm mit ihrem maurisch-andalusischen Garten ist wohl das einzige braune Gebäude in der weißblauen Stadt und stammt aus dem 17. Jahrhundert. Der Komplex sowie das kleine darin untergebrachte Volkskundemuseum lohnen eine Besichtigung. Wer aber zuerst eine Stärkung nötig hat, bestellt sich am Outa el Hammam eine Tajine, Couscous oder Pizza in

4

5

1 Hinter den Dächern Chefchaouens erheben sich die Berge des Rifs. **2** Ein *moussem* (religiöses Fest) am Straßenrand. **3** Chefchaouen liegt in herrlicher Umgebung an den Hängen des Rifs. **4** Gewürzberge im Souk von Chefchaouen. **5** Die Gassen von Chefchaouen waren bis 1920 für Nichtmoslems nicht zugänglich. Heute zählt die heilige Stadt zu den Touristenattraktionen des Nordens.

einem der hübschen Terrassenrestaurants, die sich nur durch die Farbe ihrer Tischdecken und Sitzpolster unterscheiden. Hier lässt sich auch wunderbar ein frisch gepresster Orangensaft trinken und das Treiben auf dem Platz beobachten. An jeder Ecke stehen Messinglampen, Keramik, Gewänder und allerlei Handwerkskunst für Touristen zum Verkauf. Kommt man neu in die Stadt, wird erst einmal getestet, ob man sich von den süßen Drogen des Rifs locken lässt. *»Qu 'est-ce que tu cherches? Haschisch?«* (Was suchst du? Haschisch?), zischelt es einem von jungen Männern mit zuckersüßer Stimme entgegen. Je nach Reaktion wird man die nächsten Tage eingeordnet und entsprechend in Ruhe gelassen oder mit weiteren Angeboten beglückt. Beliebt sind außerdem Ratespiele nach der Nationalität, um die Aufmerksamkeit der Touristen auf sich zu ziehen: *»Française? Anglaise?«* Selbst die Ober der Restaurants können es sich nicht verkneifen, Touristengruppen einen Spruch hinterherzurufen: entweder das obligatorische »Wie geht's? Alles klar?« oder im Katastrophen-Englisch *»See ya later Allegator!«*

Vom Outa el Hammam führen kleine Gässchen in das Labyrinth der Altstadt. Die Häuser in den steingepflasterten Gassen sind ganz in Blauweiß getüncht. Angeblich wehrt diese Technik Mücken ab und hält die Häuser kühl. Der Kontrast aus Schneeweiß und Himmelblau verleiht »Chaouen« sein einzigartiges andalusisches Flair. Schmiedeeiserne Gitter zieren die Fenster, beschlagene Holztüren unter Hufeisenbögen führen ins Innere, wilder Wein rankt sich über die mit grünen Ziegeln gedeckten Arkadengänge und kleinen Vordächer. Im Hintergrund erheben sich die Zwillingsspitzen des Djebel Ech Chaouen – des »Bergs der Hörner«.

Im Souika-Viertel südlich des Outa el Hammam liegt das wohl wichtigste Heiligtum der Stadt, das Grabmal von Moulay Ali Ibn Raschid. Ein Spaziergang durch die verwinkelten Gassen in Richtung Osten führt über kleine Treppen bergauf und bergab, vorbei an mosaikverzierten Brunnen, zum Oued Laou. Im Frühjahr sprudeln reißende Bäche von den Berghängen nach unten. Ganz im Osten, außerhalb der Stadtmauern am Fuß der Berge, liegt Ras el Ma, die Quelle des Oued Laou.

1 und **2** Ein Bett für süße Träume im »Casa Hassan«, einem liebevoll und wunderschön ausgestalteten, 350 Jahre alten Gemäuer in Chefchaouen. **3** Die Place Outa el Hammam mit Kasbah (Burganlage) im Zentrum Chefchaouens. **4** Im »Blanco Riad« lässt es sich stilvoll wohnen und speisen.

Nur ein paar Meter vom Outa el Hammam entfernt, auf der Hauptgasse gegenüber der Kasbah bergauf Richtung Norden, weist ein kleines Schild auf das Gästehaus »Casa Hassan« hin. Schräg gegenüber befindet sich das angeschlossene »Dar Baibou«, wo auch für Gäste des »Casa Hassan« das Frühstück serviert wird. Um den offenen Innenhof des renovierten andalusischen Stadthauses »Casa Hassan« gruppieren sich in der ersten Etage acht charmante, mit lokalem Kunsthandwerk dekorierte, leuchtend in Blau oder Gelb gestrichene Zimmer. Unter der Zedernholzgalerie mit dem Hochbett, zu dem ein paar Stufen hinaufführen, befinden sich gemütliche Sitzecken aus bunten Kelims mit Stehlampen aus gefärbtem Ziegenleder. Durch das Fenster blickt man auf die lebhafte Gasse unterhalb.
Abends ist das Restaurant »Tissemlal« im Erdgeschoss offen für auswärtige Gäste. Hier gibt es leckere marokkanische Gerichte zu fairen Preisen. Früher bewohnte die Familie des Besitzers die »Casa

Hassan«, dann wurde hier ein Restaurant eingerichtet und im Zuge des Booms der *maisons d'hôtes* – Gästehäuser in traditionellen Stadthäusern – wurde die »Casa Hassan« eröffnet. Das größere »Dar Baibou« folgte als Erweiterung mit 14 Zimmern im Jahr 2003. Sein Stil ist etwas rustikaler. Die niedrigen Decken und steinernen Bogengänge zwischen den beiden Innenhöfen erzeugen das Flair eines Weinkellers. Die Decken sind mit bemaltem Zedernholz verkleidet, die Räume von Kaminen flankiert. Im Innenhof, der über zwei Etagen reicht, wird das Frühstück mit Baguette und Marmelade auf schweren mosaikverzierten Holztischen serviert. Alle Details – wie die eisernen schneckenförmigen Kleiderhaken und die alten Mühlsteine in den Ecken – sind stilvoll aufeinander abgestimmt. Am liebsten möchte man die ganze Einrichtung in den Koffer packen und im heimischen Wohnzimmer wieder aufbauen. »Casa Hassan« und »Dar Baibou« sind kleine Oasen der Ruhe im lebhaften Chefchaouen. Auf Wunsch kann man auch an Exkursionen in die Berge der Umgebung teilnehmen. Der herzliche und freundliche Empfang trägt sofort zur Wohlfühl-Atmosphäre bei. Nach einer kurzen Verschnaufpause im Zimmer oder im Innenhof der Häuser fühlt sich der Reisende schnell wieder fit für eine Erkundung der blau-weißen Stadt mit ihren tausend Brunnen.

Zeit für Tétouan und Chefchaouen

Anreise und beste Reisezeit

Flug: Der Flughafen liegt 5 Kilometer außerhalb von Tétouan und bietet Inlandsverbindungen nach Al Hoceima und Casablanca (Verbindung nach Europa).

Bus: Von Tétouan und Chefchaouen fahren mehrmals täglich Busse nach Fès, Casablanca, Al Hoceima, Chefchaouen/Tétouan, Nador, Ceuta und Tanger.

Auto: Von Tanger geht es auf knapp 60 Kilometern guter Teerstraße (N2) bis Tétouan, von dort sind es weitere 60 Kilometer bis Chefchaouen.

Fähre: Von Ceuta (etwa 45 km ab Tétouan) stündlich Fährverkehr nach Algeciras in Spanien (35 Min. mit dem Schnellboot).

Beste Reisezeit: Im Frühjahr, wenn es in den Bergen nicht mehr so kühl ist und alles grünt und blüht.

Unterkunft

TÉTOUAN:

Blanco Riad, 25, Rue Zawiya Kadiria (in der Medina, nahe Königspalast), Tel. 0539-704202, www.blancoriad.com. Stilvolles Gästehaus mit komfortablen Zimmern (DZ 60–90 Euro) in einem Riad aus dem 18. Jh. (ehemaliges spanisches Konsulat).

Diverse gute Hotels an der nördlichen Küste Richtung Mdiq und Martil.

CHEFCHAOUEN:

Casa Hassan und Dar Baibou mit Restaurant Tissemlal, 22, Rue Targui, Tel.: 0539-986153, www.casahassan.com. DZ 85–120 Euro inkl. Halbpension.

Ksar Aladin, 17, Rue Ibn Askar, östliche Medina, Tel.: 0539-989071 oder 0665-406464, E-Mail: aladinchaouen@hotmail.com. Märchenhaftes Haus wie aus Aladins Wunderlampe, knallblau mit bunten Accessoires. Die schönsten Zimmer (ca. 40 Euro) befinden sich ganz oben mit Balkon und Bergblick.

Sehen und erleben

Chefchaouen eignet sich als Ausgangspunkt für Wanderungen oder mehrtägige Trekkingtouren im Rifgebirge.

Ziele in der Umgebung

Ausflüge ans Meer, zum Beispiel südlich nach Ceuta mit zahlreichen Ferienkomplexen.

Auf kurviger Teerstraße (N16) entlang der Steilküste von Tétouan nach Al Hoceima mit grandiosen Ausblicken und Bademöglichkeit in kleinen Felsbuchten. Unterwegs Abstecher zum Al Hoceima-Nationalpark mit Wandermöglichkeit.

Fahrt durch das Rifgebirge mit seinen Steineichen-, Zedernwäldern und Olivenhainen von Chefchaouen über Issaguen (Ketama) nach Al Hoceima (N2, 230 km).

Fahrt durch das Rifgebirge zur sehenswerten Wallfahrtsstätte Ouazzane (etwa 65 km).

Information

Délégation Provinciale du Tourisme, 30, Av. Mohamed V., Tétouan, Tel.: 0539-961914, E-Mail: arahmani@tourisme.gov.ma

1

2

3

4

Stadt zwischen zwei Meeren

Tanger – das »Tor zu Afrika«

Die wilden Jahre von Tanger sind vorbei. Aber auch heute noch zieht der marode Charme der Stadt zwischen Mittelmeer und Atlantik Reisende und Aussteiger an.

Tanger, die legendäre Stadt an der Meerenge zwischen dem afrikanischen und dem europäischen Kontinent, galt schon immer als geheimnisumwoben. Künstler wie Delacroix, Henri Matisse und Jacques Majorelle verewigten ihre Eindrücke in Gemälden und Skizzen. Paul Bowles, Mohamed Choukri, Christine Kaufmann und andere schrieben über Tanger, Tennessee Williams sammelte hier Stoff für seine Theaterstücke »Die Katze auf dem heißen Blechdach« (1955) und »Camino Real« (1953). Mohamed Choukri (1935–2003), einer der bekanntesten nordafrikanischen Literaten, schildert in »Das nackte Brot« eindringlich sein Leben als Straßenjunge, Stricher und Schmuggler in den 1940er- und 1950er-Jahren. Damals bot die Stadt Lebensraum für Exzentriker jeder Couleur.Tanger, das alte Tingis, wurde bereits im 5. Jahrhundert von den Karthagern gegründet. Später wurde es Hauptstadt der römischen Provinz Mauretania und ab dem 8. Jahrhundert fiel es in die Hände der Araber. Bis ins 15. Jahrhundert glänzte Tanger als blühende Metropole mit regen Handelsbeziehungen zu Europa – wegen seiner exponierten Lage zwischen Mittelmeer und Atlantik und der Nähe zu Europa war es aber auch immer Angriffspunkt fremder Mächte. Zwischen dem 16. und 19. Jahrhundert zankten sich vor allem die Portugiesen, Spanier und Briten um die Ansprüche auf Tanger. Auch die Franzosen vertraten im 19. Jahrhundert ihre kolonialen Interessen. Als sich die europäischen Machthaber zu Beginn des französischen Protektorats (1912–1956) immer noch um die Stadt stritten, wurde Tanger 1923 zur »internationalen Zone« erklärt. Es unterstand damit der Verwaltung durch mehrere europäische Staaten mit dem Sultan als formellem Oberhaupt; es war Freihandelszone, Steueroase und genoss politische wie militärische Neutralität. Das Ausland investierte und die Geschäfte blühten auf. Ab den 1940er-Jahren entwickelte sich Tanger zum kosmopoliten Treffpunkt – nicht nur für Künstler, Schriftsteller und Geschäftsleute, sondern auch für Waffen- und Drogenhändler, Schmuggler, Spione und Prostituierte. Mit der Unabhängigkeit von Marokko 1956 verlor Tanger seinen Sonderstatus und wurde an

1 »Nur gucken, nix kaufen«: Berberteppiche gibt es überall im Angebot. **2/3** Das traditionsreiche Hotel »El Minzah« verwöhnt mit schönen Details und beflissenem Personal … **4** … sowie einem herrlichen Blick über die Altstadt von Tanger.

1

2

Marokko angeschlossen. Viele Investoren zogen sich zurück und der wirtschaftliche Niedergang war nicht mehr aufzuhalten. Die einst gefeierte Hafenstadt fristete ein Schattendasein – die prächtigen weißen Fassaden der Kolonialgebäude verfielen, Armut und Drogenhandel beherrschten die Altstadt. Noch heute fällt in vielen Ecken der Stadt, die mittlerweile mit Vororten rund 1 Millionen Einwohner zählt, der Schutt und Müll auf. Gruppen junger Männer aus Marokko und Schwarzafrika, die auf den Sprung nach Europa hoffen, bevölkern das Hafenviertel und die Medina. Doch langsam ändert sich das Bild: Der einstige Marktplatz Grand Socco (Place du 9 Avril) am Eingang zur Altstadt erstrahlt mit Palmen und Springbrunnen in neuem Glanz. Die neu angelegte Küstenstraße Mohamed VI. säumen moderne Beachclubs, momentan entsteht eine Strandpromenade und eine luxuriöse Marina. Eine Freihandelszone am Stadtrand sorgt für wirtschaftlichen Aufschwung und der neue Hafen Tanger-Méd bei Ksar es Seghir wird täglich von Hunderten Fähren und Frachtschiffen angesteuert. Kreuzfahrtschiffe entlassen ihre Passagiere zur Stadtbesichtigung noch am alten Hafen nahe der Medina.
Geprägt durch Filme und Erzählungen ist Tanger für viele noch immer eine Stadt der Freiheit und der Gegensätze. Reichtum und Armut begegnet man bei einem Spaziergang durch Tanger noch heute. In den engen Gassen der Medina gibt es alles für den Alltag, in den Hauptgeschäftsstraßen der Neustadt, der Rue Belgique, Rue Pasteur und Rue de la Liberté, kann man europäische Konsumgüter erstehen. Während die Altstadt das Viertel der einfachen Leute ist, verbergen sich auf den westlichen Hügeln des Marshan-Viertels und La Montagne prunkvolle Villen hinter hohen Mauern, mit riesigen Gartenanlagen und herrlichem Ausblick auf die Bucht.
Ein Stadtrundgang beginnt am Grand Socco (Place du 9 Avril) am Rand der Medina. Der Platz ist nicht nur Verkehrsknotenpunkt, sondern auch Zentrum des Marktgeschehens in den umliegenden Gassen. An der südöstlich abgehenden Rue Salah Idine El Ayoubi reihen sich die Gemüsehändler aneinander, an der Ecke zur Rue Portugal riecht es nach Fisch – der überdachte Fischmarkt ist nicht weit. An der Rue Portugal versteckt sich hinter einem Eisentor und weißen Mauern der Jüdische Friedhof – mitten in Tanger gibt es wohl kaum einen friedlicheren und ruhigeren Ort als zwischen den Grabsteinen mit hebräischer Inschrift unter wild wuchernden Dattelpalmen und Feigenbäumen.
Folgt man vom Grand Socco der gepflasterten Rue de la Kasbah aufwärts Richtung Norden, so lassen sich prächtige Kolonialhäuser

mit großen Fenstern und Balkonen bewundern, von denen leider ziemlich der Putz bröckelt. Entlang der alten Stadtmauer führt die Straße direkt zum Kasbah-Tor, dem Eingang ins Kasbah-Viertel. Vorbei an einem gigantischen Gummibaum und einem öffentlichen Brunnen geht es durch die Gassen rechts hinunter zum ersten Gästehaus in der Medina von Tanger – »Dar Nour«. Von der Dachterrasse mit gemütlichen Sitzecken auf mehreren Ebenen bietet sich bei einem *thé à la menthe* ein fantastischer Blick über die weißen Dächer und den Sandstrand von Tanger. Das Frühstück auf der Terrasse ist wohl eines der leckersten des Landes: warmes Brot und Gebäck aus der Backstube nebenan, Datteln und Feigen, Marmeladen, Honig, Pfannkuchen, frisch gepresster Orangensaft. Der französische Eigentümer Philippe sorgt dafür, dass jedes Detail der liebevollen Innenausstattung zur Wohlfühlatmosphäre beiträgt: kleine Tischlampen aus Messing und Ton, Lifestyle-Zeitschriften wie »Couleurs Marrakech«, die traditionelle schwarze Olivenölseife im Bad, die Teppiche am Boden und die gelben Babuschen vor dem Bett.

Ebenfalls im Kasbah-Viertel, direkt an der dicken Stadtmauer zum Meer, befindet sich eine weitere Oase für Tanger-Besucher: »La Tangerina«. Durch dieses Gästehaus mit deutsch-marokkanischer Führung weht der Geist längst vergangener Zeiten. Die unterschiedlich gestalteten großen Zimmer und Suiten zieren antike Möbelstücke, Lederkoffer und historische Radios, aus denen dank moderner Technik mal Klassik, mal Pop ertönt. Aus den oberen Räumen reicht der Blick über die Stadtmauer direkt zum Meer. Auf der schattigen Dachterrasse mit Liegestühlen und Topfpflanzen möchte man ewig verweilen und auf jedes andere Programm verzichten. Für totale Entspannung sorgt am Ende des Tages schließlich das traditionelle Zeremoniell im wunderschönen Hamam des Hauses.

Das unbedingt sehenswerte Musée de la Kasbah liegt nur wenige Schritte von »La Tangerina« entfernt. Das Museum mit Ausstellungsstücken aus verschiedenen geschichtlichen Epochen des Landes und einem feingliedrigen Mosaik aus Volubilis ist in einem Teil der ehemaligen Sultansresidenz Dar el Makhzen untergebracht. Der Pa-

1 Bummel durch die Gassen der Medina von Tanger. **2** Tanger – ein weißes Häusermeer zwischen Atlantik und Mittelmeer. **3** »La Tangerina« verbindet Romantik und Nostalgie. **4** Im Dar el Makhzen, dem früheren Sultanspalast in prunkvoller maurischer Architektur, ist das Musée de la Kasbah untergebracht.

1 Nobler Komfort seit 1930: das Hotel »El Minzah«. Zu seinen prominten Gästen zählten Edgar Degas und Winston Churchill. **2** Klein, aber fein: das »Dar23« mit nur drei Zimmern. **3** Ein wunderbares Panorama können Gäste auf der Dachterrasse des »Dar Nour« genießen.

last entstand während der Regierungszeit Mulay Ismails (1672–1727) und wurde im frühen 19. Jahrhundert erweitert. Hier lässt sich maurische Baukunst mit Mosaiken, Zedernholzschnitzereien und Stuckornamenten in Vollendung bewundern.

Durch das Bab el Haha geht es von hier mitten ins Herz der Medina und durch die Gassen mit ihren weiß getünchten Häusern Richtung Osten zum altehrwürdigen »Hotel Continental« (1888). Das Hotel mit prachtvoller Fassade thront über dem alten Hafengelände. Von der Terrasse bietet sich ein grandioser Ausblick über Meer und Stadt. Die Zimmer erfüllen jedoch nicht mehr europäische Ansprüche.

Durch das Gassengewirr Richtung Süden erreicht man schließlich die Große Moschee mit ihrem grünen Eingangsportal und von dort in wenigen Minuten das pulsierende Zentrum der Altstadt, den Petit Socco. Ein Tee oder Kaffee im »Café Centrale« oder »Café Tingis« sind ein Muss, um das alltägliche Leben in der Medina zu beobachten. Und nur etwa 200 m entfernt in einer Seitengasse verbirgt sich hinter einer schwarzen Tür ohne Aufschrift das kleine, aber feine Gästehaus »Dar 23« des in Hong Kong geborenen New Yorkers Peter. Nur drei gemütliche, mit Kunstgegenständen aus ganz Afrika dekorierte Zimmer verteilen sich in diesem Haus auf winziger Grundfläche über mehrere Etagen. Peter kümmert sich persönlich um seine Gäste und gibt zahlreiche Insider-Tipps, um die Stadt zu erkunden.

Von »Dar 23« geht es über den Petit Socco zur Rue des Siaghine und vorbei an allerlei Souvenirshops schließlich zurück zum Grand Socco, wo man abends in der »Cinématèque de Tanger« ein Stück alternatives Kulturleben der Stadt erleben kann (Kino und Kulturveranstaltungen).

Direkt an der »Cinématèque du Tanger« vorbei führt die Rue de la Liberté Richtung Neustadt, dem modernen Geschäftszentrum der Stadt. Dort liegt – fast ebenso legendär wie Tanger selbst – das 1930 im maurischen Stil errichtete Hotel »El Minzah«. Regisseure, die Tanger als Filmkulisse wählten, kamen ebenso hier unter wie Winston Churchill oder Rita Hayworth. Für »Himmel über der Wüste« (1989/90) drehte beispielsweise Bernardo Bertolucci mehrere Szenen im »El Minzah«, im »Café de Paris« und in der Medina. Durch die prachtvolle Lobby betritt man den andalusischen Innenhof mit

Säulengängen rundum und einem blauen Mosaikbrunnen in der Mitte. Die Decke ist mit Stuckornamenten verziert, die Wände schmücken Mosaiken. Seitlich befindet sich der Eingang zu »Caids Piano-Bar«, die angeblich als Vorbild für die »Bar Americain« aus dem Kultfilm »Casablanca« diente. Abends nimmt hier die feine Gesellschaft einen Drink auf den roten Plüschsofas unter goldenen Hängelampen und lauscht den Klängen des Flügels. Der Garten mit Pool, großen Palmen und Blumenrabatten bildet eine Oase der Ruhe. Das koloniale Flair gehört zum »El Minzah« dazu: Boys in Uniform und mit rotem Fes auf dem Kopf helfen den Gästen in jeder Angelegenheit gern weiter, weiß beschürzte Hausmädchen huschen durch die Gänge mit ihren knarzenden Holzböden. Gegenüber vom Hotel befindet sich die »Galerie Delacroix«, in der regelmäßig wechselnde Ausstellungen marokkanischer und französischer Künstler stattfinden.

Und wer zum Tagesabschluss noch gerne gut isst, dem sei das »Populaire Saveur de Poisson« empfohlen, einem unter Travellern und Locals beliebten, urigen Lokal an der Escalier Waller, wo zum Einheitspreis ein in Tongefäßen auf Holzkohle zubereitetes Menü aus Fischsuppe, Meeresfrüchte-Tajine, gegrillten Fisch, Nüssen mit Honig und unbegrenzt frischem Saft aus der Karaffe serviert wird.

Zeit für Tanger – das »Tor zu Afrika«

Anreise und beste Reisezeit

Flug: Flughafen Ibn Battouta, 15 Kilometer südwestlich der Stadt. Royal Air Maroc nach Casablanca, von dort weiter nach Europa. Air Berlin fliegt direkt nach Köln.

Auto: Gute Teerstraße (N2) von Tétouan (knapp 60 km), Autobahn von Asilah (60 km) und Larache (85 km).

Fähre: Bis zu zehnmal täglich nach Algeciras, Tarifa, Gibraltar (ca. 35 Min.), einmal wöchentlich nach Sète (zwei Tage). Fährverkehr größtenteils vom neuen Hafen Tanger Med (ca. 40 km nordöstlich bei Ksar es Seghir).

Beste Reisezeit: Ganzjährig.

Unterkunft

Hotel El Minzah, 85, Rue de la Liberté, Tel.: 0539-333444, www.elminzah.com. 140 Zimmer und Suiten im Kolonialstil, für Entspannung sorgt das große Wellnesszentrum (auch für Nichtgäste zugänglich). DZ ab ca. 160 Euro.

Dar Nour, 20, Rue Gourna, Kasbah-Viertel, Medina, Tel.: 0662-112724, www.darnour.com. In den individuell gestalteten drei Zimmern (75 Euro), drei Mini-Suiten (95 Euro) und vier Suiten (130 Euro) dieses ersten Gästehauses in Tanger fühlt man sich rundum zu Hause.

La Tangerina, 19, Riad Sultan, Kasbah-Viertel, Medina, Tel.: 0539-947731, www.latangerina.com. Highlight des nostalgischen Gästehauses ist die Dachterrasse mit Blick auf das Meer und über die Dächer der Medina. DZ 55 bis 150 Euro (je nach Saison).

Dar 23, 23, Rue Las Once, Souk Dakhel, Medina (nahe American Legation Museum), Tel. 0672-464847, www.dar23.com. Mit nur drei Suiten (80 Euro) klein, aber fein: Peter kümmert sich rührend um die Gäste seiner drei individuell gestalteten Suiten (80 Euro).

Sehen und erleben

Musée de la Kasbah: Dar el Makhzen, im Kasbah-Viertel. Die Architektur allein, aber auch die Sammlung ist sehenswert.

American Legation Museum: in der Medina, www.legation.org. Die Geschichte Tangers in der noch original eingerichteten ehemaligen Konsulats-Villa.

Spaziergang durch das Marshan-Viertel mit seinen prachtvollen, alten Villen und Palästen, beispielsweise Dar el Mendoub (ehemals Residenz des Millionärs Malcolm Forbes) und Palais Marshan (heute Königspalast).

Das alltägliche Leben und Treiben in der Medina um den Grand und Petit Socco.

Ziele in der Umgebung

Panoramareiche Ausflugsfahrt zum Leuchtturm am Cap Spartel (14 km) im Nordwesten und Cap Malabata im Nordosten (ca. 12 km) der Stadt.

Lange Sandstrände westlich der Stadt: Robinson Plage, Plage Jbila, Sidi Kacem Plage.

Information

Délégation Provinciale du Tourisme, 29, Bd. Pasteur, Tel.: 0539-948661, E-mail: tanger@tourisme.gov.ma.

Offizielle Webseite: www.visitetanger.com

1

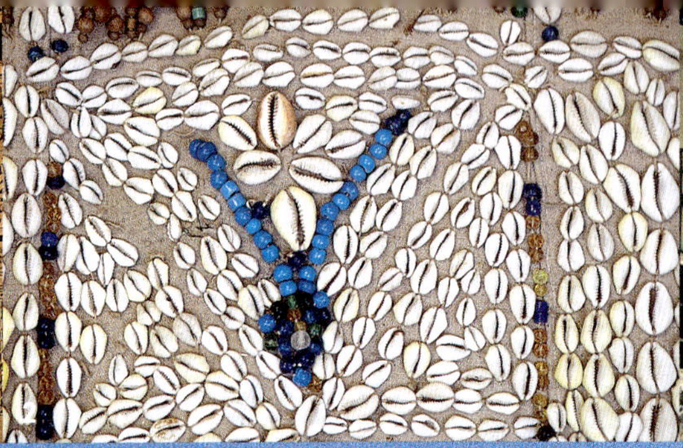

3

4

Königliche Hauptstadt am Atlantik

Rabat – Festung zwischen Fluss und Meer

Das maurische Grabmal der alten Könige, koloniale Prachtbauten in der Neustadt, die saubere Altstadt und das Kasbah-Viertel mit seinen malerischen Gassen in Blau-Weiß machen das ruhige Rabat an der Mündung des Bou Reg Reg ins Meer zu einem lohnenswerten Besichtigungsziel.

Rabat ist – wie fast alle marokkanischen Städte – zweigeteilt in die Medina und die von den Franzosen für ihre Abgesandten errichtete, moderne Neustadt. Die Altstadt, der eigentliche Kern Rabats, ist im Norden vom Meer, im Osten vom Fluss Bou Reg Reg, der hier in den Atlantik mündet, und auf den beiden anderen Seiten durch die 1197 von den Almohaden vollendete Stadtmauer begrenzt. Der Fluss trennt Rabat von Rabats Zwillingsstadt Salé, beide bilden eine Verwaltungseinheit von etwa 2 Millionen Einwohnern. An die Mauern der Medina schließen sich im Süden die Neustadt mit ihren Geschäften und im Südwesten der Königspalast an. Rabat gehört neben Fès, Meknès und Marrakesch zu den Königsstädten Marokkos. Erst die Franzosen erklärten Rabat zu Beginn des französischen Protektorats 1912 zur Hauptstadt. »Ribat« bedeutet Festung, denn die Stadt war lange Strategiepunkt für die Eroberer und die Heere. Wirtschaftlich steht Rabat zwar im Schatten Casablancas, doch gerade das macht die Hauptstadt für Touristen und Marokko-Neulinge attraktiv: In den weißen Gassen der beschaulichen Medina bleibt man von *faux guides* und übereifrigen Souvenirhändlern unbelästigt. Abends flaniert man zusammen mit zahlreichen marokkanischen Familien am der Palmenallee der Avenue Mohamed V. entlang und bewundert die renovierten Kolonialfassaden alter Verwaltungsgebäude.

Die blitzsaubere Hauptgeschäftsstraße der Stadt mit beleuchteten Fontänen und Blumenrabatten führt vom modernen Bahnhof an der Place Mohamed V. vorbei an Parlament, Hauptpost und Nationalbank – allesamt untergebracht in prachtvollen Kolonialgebäuden. Das Traditionshotel »Balima« liegt direkt gegenüber des Parlaments und wer keinen Wert auf 4-Sterne-Komfort legt, mietet sich dort ein Zimmer mit Blick auf den lebhaften Boulevard. Vom »Hotel Balima« führt die Avenue Mohamed V. nach Norden zum Bab Bouiba. An diesem Eingangstor in die Medina beginnt die Rue Sidi Fateh, eine der Hauptgassen der Altstadt. Unerschrockene Hungrige gönnen sich

1 Fassade aus der Kolonialzeit in der Neustadt von Rabat. **2** Mit Kaurimuscheln bestricktes Gnaoua-Kostüm. **3** Die Bemalung der Hände mit Henna verspricht *baraka*, göttlichen Segen. **4** Zwillingsstadt am Bou Reg Reg: Blick von Rabat hinüber nach Salé.

1

2

hier einen günstigen Snack an einer der Garbuden oder probieren sich in einer der Pâtisserien durch Berge von marokkanischem Gebäck, Marzipan, Nüssen, Honig und Sesam.
Die vergleichsweise kleine Medina von Rabat mit ihren weißen Häusern und schmucken Natursteinportalen erhielt ihr heutiges Aussehen erst im 17. Jahrhundert von den Flüchtlingen aus Andalusien. Die Souks (Märkte) sind zwar weit weniger orientalisch-quirlig und ursprünglich als diejenigen der anderen Königsstädte, dafür genießt man hier bei einem Bummel durch die Gassen die Ruhe. Die Rue Sidi Fateh führt immer geradeaus – mit zahlreichen abzweigenden Gässchen – in Richtung Norden und zur Kasbah des Oudaias. Sie wird von verschiedenen islamischen Heiligtümern wie der Zaouia Sidi Moussa, der Moschee Mulay Mekki, der Qubba des Marabout Sidi Fateh und der Moschee Mulay al-Rashid gesäumt. Ein kleines Schild mit der Aufschrift »Riad Oudaya« zeigt auf etwa halber Strecke zu einer unscheinbaren Tür am Ende einer schmalen Sackgasse. Wie so oft verbirgt sich hinter einer kahlen, fensterlosen Mauer ein kleiner Palast. Durch den rechtwinklig abknickenden Eingang betritt man den Innenhof des in Grün und Gelb gestalteten Gästehauses mit steinernen Rundbögen und Mosaikboden. Eine meterhohe Bananenstaude ragt über zwei Etagen

3

1 Eingangstor zur Kasbah des Oudaias. **2** Hauptstadtidylle: über den Dächern Rabats. **3** Das Museum in der Kasbah des Oudaias. **4** Typisch in der Mellah, dem Judenviertel: Balkone und Erker. **5** Einst Piratenhafen, heute voller Fischerboote: die Flussmündung des Bou Reg Reg. **6** Auf dem Souk in Rabat gibt es einfach alles für den Alltagsbedarf.

in den Himmel über dem offenen Hof. Hier ist vom Trubel der Gassen nichts mehr zu spüren, wenn man bei einem Tee in einem der kleinen Salons oder im Innenhof zwischen blühendem Hibiskus dem Gezwitscher der Vögel lauscht. »Riad Oudaya« ist klein, aber fein: Die zwei Zimmer und zwei Suiten mit Kamin sind stilvoll marokkanisch dekoriert. Abends gibt es auf Vorbestellung ein romantisches Dinner mit Kerzenlicht.

In einer östlichen Parallelgasse, ebenfalls mitten in der Medina, befindet sich ein weiteres Kleinod hinter den Mauern: »Riad Kalaa« verbindet modernes Design und orientalische Lichtinstallationen mit marokkanischer Palastatmosphäre. Um den Innenhof mit Palmen spannen sich verzierte Bogengänge über zierliche Sandsteinsäulen. In den vornehmen Suiten (mit Flat-TV und WIFI) des 1815 errichteten Palasts ist jedes Detail künstlerisch aufeinander abgestimmt und so wirkt das ganze Haus wie aus einem Innenarchitek-

1

2

tur-Magazin zum Thema moderner orientalischer Lifestyle. Von der Dachterrasse bietet sich nicht nur ein Ausblick auf die Medina, der kleine Pool mit Liegen bietet perfekte Entspannung nach einem Stadtbummel.
Von »Riad Kalaa« ist in nur wenigen Gehminuten das von mächtigen Mauern umschlossene Kasbah-Viertel nordöstlich der Medina erreicht. Das Oudaia-Tor aus der Almohaden-Zeit (12./13. Jh.) führt ins Innere der alten Festung mit frisch blau-weiß getünchten Häusern. Wer Marokko mit Bildern von Oasen und roten Lehmgebäuden verbindet, wird hier enttäuscht. Die hellen Gassen mit Topfpflanzen vor den malerischen Eingangsportalen erinnern mehr an ein andalusisches oder griechisches Dorf. Im Zentrum der Kasbah des Ouidaias lässt sich zudem herrlich in den Andalusischen Gärten mit Papyrus, Bougainvillea, Orangenbäumen und Palmen lustwandeln. Wer ein bisschen Kulturprogramm möchte, besucht das Museum für marokkanische Kunst (falls geöffnet) und gönnt sich anschließend einen Tee mit Gebäck im »Café Maure« mit herrlichem Ausblick auf die Flussmündung des Bou Reg Reg. Die Flussmündung war im 17. und 18. Jahrhundert Stützpunkt für Piraten, die von hier aus den Atlantik unsicher machten und Rabat-Salé eine Zeit lang zu Reichtum verhalfen. Seit wenigen Jahren

3

4

1 Die Chellah in Rabat, die Grabstätte der Merinidensultane. **2** Im Mausoleum beim Hassanturm ruhen die früheren Könige Mohamed V. und Hassan II. **3** Unvollendete almohadische Baukunst: der Hassanturm aus dem 12. Jahrhundert. **4** Königliche Garde vor dem Mausoleum Mohamed V.

fahren hier nicht mehr nur blaue Fischerboote ein und aus, sondern landen auch internationale Yachten an der neu geschaffenen, modernen Marina an. Saudi-arabische Investoren gestalten momentan den gesamten Uferbereich des Bou Reg Reg um – mit Appartmentanlagen, Hotels, Boutiquen, Promenaden etc. Das ruhige Rabat entwickelt sich dank nationaler und internationaler Investitionen rasant und so fahren über die mehrspurige Brücke Richtung Salé nicht mehr nur Autos sondern auch die erste Trambahn Marokkos.

Verlässt man das Kasbah-Viertel Richtung Süden, so führt der Stadtspaziergang zurück in die Medina in die überdachte Rue des Consuls bis zum südlichen Medinarand. Hier, im Marktviertel, lassen sich diverse Souvenirs erstehen.

Noch weiter südöstlich, außerhalb der ockerroten Altstadtmauern im Viertel Hassan, liegt die größte historische Sehenswürdigkeit

1 Ruhige Oase: auf der Terrasse des »Riad Oudaya« in Rabat. **2** Serviert wird auf marokkanischer Keramik. **3** Das Traditionshotel »Balima« liegt sehr zentral am Boulevard Mohamed V. in Rabat. **4** Filigrane Natursteinsäulen tragen die Arkaden des »Riad Kalaa«. **5** In den Suiten des »Riad Kalaa« sind alle Details kunstvoll aufeinander abgestimmt.

und das Wahrzeichen der Stadt. Hier begannen die Almohaden unter Yacoub al-Mansour im 12. Jahrhundert damit, eine Moschee zu bauen. Es sollte die zweitgrößte der islamischen Welt werden, mit 21 Schiffen, die auf 424 Säulen und Pfeilern ruhten. Der Bau wurde nach dem Tod des Herrschers allerdings nie vollendet und die fertigen Teile nach einem großen Erdbeben 1755 weitgehend zerstört. Heute ragt hier noch das 44 Meter (statt 80 Meter) hohe unfertige und dennoch mächtige Minarett, der sogenannte Hassanturm, in den Himmel.

Das bekannteste Monument und Wahrzeichen Rabats ist noch heute architektonisches Vorbild für Minarette in Marokko. Auf dem mit Marmor gepflasterten Vorplatz reihen sich die Basen von 200 Moscheesäulen aneinander. Auf demselben Gelände, direkt gegenüber des Hassanturms, thront ein anderes, wesentlich jüngeres Monument. Hier ließ der alte König Hassan II. in den

1960er-Jahren das Mausoleum für seinen Vater Mohamed V. errichten. Inzwischen liegt auch Hassan II. hier begraben. Das Mausoleum im maurischen Architekturstil ist überaus prunkvoll mit Schnitzornamenten, Mosaiken und Stuck ausgestattet. Die Mauern und der Sarkophag bestehen aus Carrara-Marmor. Bei vielen marokkanischen Familien ist das Mausoleum als Hintergrund für prachtvolle Erinnerungsfotos beliebt. Vor den Eingängen des ummauerten Bezirks wacht eine Garde in roter Uniform mit weißer Schärpe auf edlen Araberpferden.

Zum Abschluss eines ausgefüllten Besichtigungstags sollte man noch einen Blick in den königlichen Bezirk, das Méchouar-Viertel, werfen. Neben den unvergleichlich prunkvoll ausgestatteten Eingangsportalen des Königspalasts mit seinen Wachen liegen hier zwei Moscheen und die größte Universität des Landes. Schließlich lohnt sich noch ein Besuch der Chellah, der Grabstätte der Meriniden-Sultane aus dem 13. und 14. Jahrhundert, auf der auch Überreste einer römischen Siedlung gefunden wurden. Von außen wirkt das nur selten von Touristen besuchte Gelände mit seiner hohen Mauer und beeindruckenden Zinnen wie eine Ritterburg, doch im grünen Inneren findet man eine Oase der Ruhe mit nistenden Störchen und üppiger Pflanzenvielfalt.

Zeit für Rabat – Festung zwischen Fluss und Meer

Anreise und beste Reisezeit

Flug: Flughafen Rabat-Salé, 10 Kilometer nordöstlich. Alle internationalen Flüge verkehren über den Flughafen Casablanca, der in etwa 1,5 Stunden per Bahn erreichbar ist.

Zug: Ständig Züge nach Casablanca, mehrmals täglich nach Marrakesch, Meknès, Fès und Tanger.

Bus: Busbahnhof ca. 2 Kilometer vom Zentrum entfernt (Place Kamra/Av. Hassan II.). Ständig Abfahrten nach Casablanca, mehrmals täglich nach Fès, Essaouira, El Jadida, Marrakesch, Tanger.

Auto: Autobahn von Casablanca (rund 100 km), Larache (190 km) und Meknès (140 km).

Beste Reisezeit: Ganzjährig.

Unterkunft

Riad Kalaa, 3–5, Rue Zebdi, Medina, Tel. 0537-202028, www.riadkalaa.com. Die traditionelle Architektur eines maurischen Palasts (erbaut 1815) vermischt sich hier perfekt mit modernem Design und Lichtinstallationen – traumhaft romantisch! Suite 95–200 Euro.

Riad Oudaya, 46, Rue Sidi Fateh, Medina, Tel.: 0537-702392, www.riadoudaya.com, DZ 120 Euro, Suite 160 Euro.

Sehen und erleben

Archäologisches Museum: 23, Rue Brihi, täglich außer Di 9–17 Uhr, umfangreichste archäologische Sammlung Marokkos.

Spaziergang durch das andalusisch geprägte Kasbahviertel mit einer Teepause im »Café Maure« und fantastischem Ausblick auf die Bou-Reg-Reg-Mündung und die ausfahrenden Fischerboote.

Seit 800 Jahren architektonisches Vorbild für marokkanische Minarette: der Hassan-Turm aus dem 12. Jh.

Ziele in der Umgebung

Salé: Bummel durch die lebhaften Souks und die Medina am anderen Bou-Reg-Reg-Ufer. Salé ist bekannt für sein Kunsthandwerk.

Musée Belghazi: an der Straße nach Kénitra (17 km) mit einer fantastischen Sammlung an altem Schmuck, Kunsthandwerk und Alltagsgegenständen.

Badeausflug zu den Stränden der Umgebung, zum Beispiel Plage des Nations Unies, Temara Plage, Skhirat Plage.

Information

Conseil Régional du Tourisme, 23, Av. de la Victoire, Tel.: 0537-779077, E-Mail: info@visitrabat.com

Offizielle Webseite: www.visitrabat.com

5

1

2

3

Weißer Ort der Künstler

Asilah – andalusisches Flair

Asilah ist anders – stiller, inspirierender, entspannender, kreativer als andere Städte an der marokkanischen Atlantikküste. Und gerade deshalb ist es unbedingt einen Besuch wert!

Der Anziehungskraft Asilahs erliegen vor allem Ausländer, die eines der charmanten, weißen Häuschen mit Dachterrasse und Meerblick erwerben. Wie in Marrakesch, Essaouira und Fès setzte in der Altstadt des 25 000-Einwohner-Städtchens vor einigen Jahren ein Investitionsboom ein. Europäer und Amerikaner kaufen mehr und mehr traditionelle Stadthäuser der marokkanischen Altstädte, renovieren sie und funktionieren sie zu Gästehäusern oder privaten Domizilen um. Die Immobilienpreise für Riads in den Medinas gehen mit der Nachfrage natürlich entsprechend in die Höhe – und die einheimischen Bewohner weichen in die Neustädte aus. Nicht nur Künstler, Surfer und Aussteiger lieben Asilah, sondern auch Rentner aus Frankreich, Spanien und Deutschland, die dem europäischen Winter entfliehen und vor den Mauern der Altstadt am Meer und auf den Campingplätzen entlang der Atlantikküste häufig monatelang ihre Wohnmobile parken. »Die enge Behaustheit schmaler Gassen verbindet sich mit dem Atem der Meeresweite. Kaum ein Ort sonst, an dem diese Durchdringung so körperlich spürbar ist«, schreibt Alfred Renz in seinem Marokko-Band über Asilah. Aber was ist das Besondere an dieser Stadt? Insgesamt wirkt die Medina recht unmarokkanisch – ohne prachtvolle maurische Monumente. Es ist das einzigartige andalusische Flair, das Besucher verzaubert und länger hier verweilen lässt: die weißen Gassen mit blauen Eingangsportalen und liebevoll gepflegten Topfpflanzen davor, das Meeresrauschen und die kühle, salzige Brise, die kleinen Ateliers der lokalen Künstler.

Über dem Bab Kasbah, dem Eingang von der Neustadt in die Medina, weht die marokkanische Flagge im Wind. Enge, blitzsaubere Gassen führen in das Gefüge aus weißen Häusern. Sackgassen enden an hölzernen Türportalen mit eisernen Hängelaternen. Pinke Bougainvilleen ranken aus Töpfen und Eimern bis zu den Dachterrassen hinauf. Blaue und grüne Türrahmen und Mauerabschnitte kontrastieren mit dem alles beherrschenden leuchtenden Weiß. Die braune Umfassungsmauer und die runden Eckbastionen der Altstadt stammen aus dem 15. Jahrhundert, als die Stadt in der Hand der Portugiesen lag. Einige Hauswände zieren auf ganzer Höhe bunte,

1 Von der südwestlichen Bastion in der Altstadt fällt der Blick auf die schäumende Brandung des Atlantiks. **2** Im Hotel »Patio de la Luna«. **3** und **4** Wandmalereien bringen Farbe in und an die weißen Häuser in der Medina von Asilah.

1 Im Frühjahr blüht es am Strand von Asilah. **2** Blumentöpfe zieren die gepflegten Gässchen. **3** Andalusisches Flair in Blau-Weiß-Tönen. **4** Hotel »Patio de la Luna« an der Place Zellaka. **5** Gemütliche Terrasse im »Patio de la Luna«

verspielte Kunstwerke. Asilah ist die Stadt der Künstler: Seit 1978 findet hier einmal im Jahr ein internationales Kulturfestival statt, das wesentlich zur Erhaltung und positiven Entwicklung der Altstadt und zum Dialog der Kulturen beiträgt. Im Rahmen des Festivals werden die Wände der Medina jedes Jahr von lokalen Künstlern neu gestaltet.

Zur Besichtigung bietet sich das mit Kunsthandwerk aus Fès ausgestattete Palais Raissouli an (falls wiedereröffnet). Der Bandit El Raissouli erlangte Ende des 19. und Anfang des 20. Jahrhunderts durch abenteuerliche Eskapaden, Überfälle und die Entführung bedeutender Europäer und Amerikaner Berühmtheit. Er war zeitweise Pascha der Stadt und wurde später von den Spaniern, die von 1911 bis zur Unabhängigkeit 1956 hier herrschten, sogar zum Gouverneur von Asilah und mehrerer Stämme der Umgebung ernannt. 1924 nahm ihn Abd al Krim, der bekannte Rebell der Rifkabylen, gefangen. El Raissouli starb nur ein Jahr später.

In Asilah kann man wunderbar ein paar wohlverdiente Strand- und Erholungstage in einem der traumhaft ruhigen Stadthäuser verbringen – in orientalisch, individuell mit Kunsthandwerk und *Tadelakt* (farbiger Kalkputz) gestalteten Zimmern, zum Himmel offenen Innenhöfen und Dachterrassen mit Meerblick. Jedes der weißen Gebäude trägt die individuelle Note seines meist europäischen Restaurators – man mietet entweder ein Zimmer oder bei einem längeren Aufenthalt gleich das ganze Haus. Allerdings sind die Gästehäuser und Appartements Asilahs nicht ganz leicht zu finden. Sie verstecken sich im Gewirr der Gassen und besitzen weder Aufschrift noch Klingelschild. Nicht in der Medina, aber direkt an ihrem Eingang an der Place Zallaka bietet auch das kleine Hotel »Patio de la Luna« in schlichten hübschen Zimmern mit Bad und Heizung Unterkunft. Im Hofgarten mit einem riesigen Gummibaum oder auf der Dachterrasse mit Blick über die Stadt kann man sich in ein gutes Buch versenken.

Ist die Unterkunft gesichert, genießt man an der südwestlichen Bastion direkt oberhalb eines kleinen Heiligtums mit bunt gekachelten Gräbern den Ausblick auf die Brandung des weiß schäumenden Atlantiks, bevor eines der Terrassenrestaurants an der Avenue Yacoub al Mansour zu einem gegrillten Fisch einlädt.

Zeit für Asilah – andalusisches Flair

Anreise und beste Reisezeit

Zug: Bahnhof ca. 2 Kilometer außerhalb Richtung Tanger, Pendelbusse nach Asilah, mehrmals täglich Züge von/nach Tanger und Rabat/Casablanca.

Bus: CTM und Privatbusse mehrmals täglich nach Tanger, Rabat, Casablanca, Meknès/Fès.

Auto: Autobahn oder gute Küstenstraße von Tanger (etwa 50 km) und Larache (etwa 40 km).

Reisezeit: Ganzjährig.

Unterkunft

5

Dar Manara, 23, M'Jimaa, Medina, Tel. 0539-416964, www.asilah-darmanara.com. Gästehaus inmitten der Gassen der Medina mit fünf farblich unterschiedlich gestalteten Zimmern (55–75 Euro, je nach Saison) im marokkanischen Stil, diverse Aktivitäten und Workshops möglich.

Patio de la Luna, 12, Rue Zellaka, Tel. 0539-416074, www.patiodela luna.com. Kleines Gästehaus direkt am Eingang zur Medina mit gemütlichen, einfachen Zimmern (ca. 45 Euro), hübschem Hofgarten und Dachterrasse.

Sehen und erleben

Das Internationale Kultur- und Begegnungszentrum Hassan II. bietet wechselnde Ausstellungen und zeigt Arbeiten nationaler und internationaler Maler und Bildhauer.

Beim Internationalen Kunst- und Kulturfestival im August werden die Hausfassaden der Medina mit immer neuen, bunten Kunstwerken verziert.

Ziele in der Umgebung

Der etwa 5000 Jahre alte Steinkreis »Cromlech von Msoura« in der Nähe des Orts Souk Tnine-de-Sidi-el-Yamani bildet einen Ring aus 167 prähistorischen Monolithen um einen Grabhügel.

Besuch der spanisch-kolonial geprägten Küstenstadt Larache und der 3 Kilometer entfernten antiken Ruinenstätte der Phönizier und Römer Lixus.

Tanger an der Meerenge zwischen Mittelmeer und Atlantik.

Information

Keine Touristeninformation in der Stadt. Informationen im Internet unter www.visitmorocco.com

1

2

3

Quirlige Metropole und Mythos

Casablanca und die portugiesische Bastion El Jadida

Casablanca ist die Traumstadt westlich orientierter Marokkaner. Touristen lernen hier das moderne Marokko mit vornehmen Restaurants, Clubs und Boutiquen kennen. In El Jadida, rund 100 Kilometer weiter südlich am Atlantik, errichteten einst die Portugiesen eine sehenswerte Festungsanlage.

Casablanca – wer denkt da nicht sofort an den legendären gleichnamigen Film mit Ingrid Bergman und Humphrey Bogart? Obwohl keine Szene des Films tatsächlich hier gedreht wurde, prägte »Casablanca« wie kein anderer Film unsere Vorstellung vom Orient und im Speziellen von Marokko. »Casa« ist mit rund 3 Millionen Einwohnern (im Großraum sogar 5 Millionen) die größte Stadt Marokkos, als Handels- und Industriezentrum die wichtigste Wirtschaftsmetropole – und sozialer Brennpunkt Nummer eins. Die im Arabischen »Dar al Beida« genannte Großstadt bietet für Touristen nicht viele Attraktionen, dennoch lohnt sich ein kurzer Besuch. Allein die Besichtigung der zweitgrößten Moschee der Welt ist es wert, einen Stopp einzulegen oder vor der Rückreise vom Flughafen, von dem die meisten internationalen Flüge starten, noch etwas Zeit einzuplanen.

Das heutige Casablanca wurde auf Grundmauern der Berbersiedlung Anfa aus dem 8. Jahrhundert errichtet. Nach Überfällen der Portugiesen im 15. und Anfang des 16. Jahrhunderts wurde die Seeräuberstadt 1575–1755 von den Portugiesen besetzt, sie nannten sie »Casa branca« – »weißes Haus«.

Nachdem ein Erdbeben die Stadt weitgehend zerstörte, zogen sich die Eroberer zurück. Sultan Mohamed ibn Abdallah baute sie daraufhin im Jahr 1770 mit der entsprechenden islamischen Infrastruktur wieder auf. Spanische Kaufleute nannten den Ort schließlich Casablanca. Gegen Mitte des 19. Jahrhunderts siedelten sich hier immer mehr Europäer an. 1906 begannen die Bauarbeiten für einen neuen Hafen. Doch weil eine Straße quer über einen Friedhof führen sollte, kam es zu einem Aufstand der Bevölkerung gegenüber den französischen Arbeitern. Die Unruhen dienten den französischen Militärs als Rechtfertigung zur Besetzung Marokkos, aus der das Protektorat ab 1912 resultierte. Nach dem Ersten Weltkrieg wurde der Ausbau des Hafens unter dem französischen General Lyautey vorangetrieben und legte den Grundstein

1 Die Fischer von El Jadida kennen üppige Sardinengründe. **2** Legendär: »Casablanca« mit Humphrey Bogart und Ingrid Bergman. **3** Gepflegtes Grün am Hotel »Sofitel Royal Golf« bei El Jadida. **4** Meerblick vom Hotel »Sofitel Royal Golf«.

zur weiteren wirtschaftlichen Entwicklung der Stadt. Die nahen Phosphatlager machten Casablanca zur wichtigsten Handelsmetropole.
»Casa« ist mit seinen breiten Boulevards und französisch inspirierten Stadthäusern aus den 1930er- und 1940er-Jahren nach wie vor vom französischen Kolonialismus geprägt. Einige schöne Jugendstilgebäude sind noch in der Av. Mohamed V. und Av. Mohamed Slaoui zu finden. Darunter mischen sich die Einflüsse der Moderne: Galerien, Designer-Boutiquen, Bars und Cafés, Discos und architektonische Vorzeigeobjekte wie die Glastürme der neuen Börse und die Twin Towers des spanischen Architekten Ricardo Bovill Levi mit 28 Stockwerken.
Die Place des Nations Unies, umgeben von eleganten Gebäuden mit weißen Fassaden und einem verloren wirkenden runden Stahlkunstwerk in der Mitte, bildet den größten Verkehrskreuzungspunkt der Stadt. Von hier führt der Boulevard Houphouët Boigny mit seinen Souvenirgeschäften zum Hafen und dem modernen Bahnhof Casa Port, von dem ständig Züge nach Tanger, Marrakesch, Fès und zum Flughafen abfahren. Südlich liegt die Place Mohamed V., der wichtigste Platz des Zentrums, mit einem nachts effektvoll illuminierten Springbrunnen. Abends ist hier die halbe Stadt auf den Beinen.

1 Auf Felsen ins Meer gebaut: die Moschee Hassan II. in Casablanca. **2** Die weiße Stadt Casablanca. **3** Traditionelles Kunsthandwerk: Ziselierung von Bronzetellern. **4** Strandpromenade von Oualidia, auf dessen Tellern viel frischer Fisch, Krustentiere und vor allem die selbst gezüchteten Austern angerichtet werden. **5** und **6** Bunt, gemütlich und freundlich: »Riad Le Mazagao« in El Jadida.

Auch die wichtigsten Gebäude befinden sich im Umkreis: das Rathaus mit einem Uhrenturm, der Justizpalast, die Staatsbank und südwestlich der etwas vernachlässigte Park der Arabischen Liga. Wer ins Gespräch kommen möchte, kann sich hier mit den meist recht aufgeschlossenen Studenten unterhalten, die der heimischen Enge entfliehen, um im Park in Ruhe zu lernen. Lohnenswert ist auch ein Blick auf die ehemalige Kathedrale Sacré-Cœur aus dem Jahr 1930 ganz in der Nähe, die heute als Kulturzentrum für Veranstaltungen dient.

Durch die Medina gelangt man von der Neustadt zum Boulevard Mohamed Abdallah am Meer. Die eher untypische Medina von »Casa« mit breiten weißen Gassen kann nicht mit den Altstädten der anderen Großstädte konkurrieren. Dafür herrscht hier ein quirliges buntes Marktleben und Belästigungen durch Verkäufer bleiben aus.

Auf den Klippen ins Meer gebaut, thront zwischen Boulevard Mohamed Abdallah und der Corniche die größte touristische Attraktion Casablancas in der Brandung: die Moschee Hassan II. Sie ist nach Mekka die größte Moschee der Welt und bietet 100 000 Gläubigen Platz. Der verstorbene König Hassan II. weihte sie 1993 ein. Der kolossale, von außen leuchtend helle Komplex zwischen Land und Wasser kann als einzige marokkanische Moschee (neben Tin Mal) von Touristen besichtigt werden. Auf der Spitze des 200 Meter hohen, quadratischen Minaretts thronen drei tonnenschwere Goldkugeln. Stundenlang könnte man die filigranen, die gesamte Außenfassade verzierenden Mosaike bewundern. Kunsthandwerker aus dem ganzen Land trugen zur Vollendung des wirklich eindrucksvollen Milliardenbaus bei.

Der Komplex umfasst insgesamt 25 000 Säulen und 126 Brunnen, die zusammen mit den unterirdischen Hamams zur rituellen Waschung vor dem Gebet dienen. Durch Glasböden blickt man vom Innenraum auf die Brunnen im Untergeschoss. Das Dach des Gebetsraums kann geöffnet werden, sodass eine symbolische Verbindung zwischen den Elementen Wasser, Erde und Himmel entsteht.

1 Klare Formen und Luxus im Hotel »Sofitel Royal Golf«. **2** Die Zisterne von El Jadida errichteten die Portugiesen im 16. Jahrhundert ursprünglich als Warenlager. **3** Die mächtige Cité Portugaise, die besterhaltene portugiesische Stadtanlage Marokkos, sowie ein 17 Kilometer langer Sandstrand sind die Hauptattraktionen von El Jadida.

Für Europäer ist dieser Gigantismus angesichts der Armut vieler Bewohner der Stadt und der einfachen umliegenden Viertel kaum zu fassen.

Und nirgendwo in Marokko prallen die Gegensätze zwischen Arm und Reich so aufeinander wie in Casablanca. Durch die wachsende Landflucht schießen am Rand der Stadt die Armenviertel, die *bidonvilles,* wie Pilze aus dem Boden. Einige Gegenden wie Maarif, California, Anfa und Aïn Diab sind elegant und sauber, aber viele Stadtrandbezirke verkommen.

Auf der Eisenbahnfahrt von Casa nach Rabat, aber auch entlang der Autobahn, erhascht man immer wieder einen Blick auf die Elendsviertel aus Blechdächern, Plastiktüten und Sperrholz, die die Obrigkeit geschickt mit Mauern zu verstecken sucht. Die Armut und Landflucht in die Industriestadt ist einer der Gründe dafür, weshalb gerade hier oft soziale Unruhen aufkeimen und islamistische Prediger junge Anhänger finden.

Wer nach der Besichtigungstour genug vom Stadttrubel hat, sollte noch ein bisschen an der Corniche, dem palmengesäumten Küstenboulevard, entlang flanieren. Vorbei an Hotels und Restaurants gelangt man zu den westlichen Stränden von Aïn Diab und Anfa. Hier bieten große Freizeitbäder Badespaß für die ganze Familie: Riesenrutschen enden in Meer- und Süßwasserbecken. Der Strand Aïn Diab ist das beliebteste Ausflugsziel Einheimischer – jeden Abend herrscht hier Volksfeststimmung. Bei einem Spaziergang durch das Villenviertel Anfa mit seinen blühenden Gärten genießt man einen wunderbaren Blick auf das Meer.

Wer noch Zeit für einen Abstecher hat, sollte das 96 Kilometer südwestlich von Casablanca an der Atlantikküste liegende El Jadida besuchen. Bei einer Fahrt auf der meeresnahen Landstraße – leider mit nur wenigen Ausblicken – lässt sich etwa 20 Kilometer vor El Jadida in Azzemmour noch etwas Exotik schnuppern: Auf dem Markt, dem Souk, gibt es Wunderheilmittel wie getrocknete Chamäleons, Wurzeln, Kräuter und allerlei Tinkturen zu kaufen. Ein besonderes Erlebnis ist es, sich hier die Hände und Füße mit dem segensbringenden Henna bemalen zu lassen.

El Jadida – »die Neue« – ist Industriestandort mit Phosphathafen und wichtiges Handelszentrum für landwirtschaftliche Produkte. Die umliegenden Sandstrände sind wegen der nahen Industrieanlagen wenig attraktiv. Auch die Neustadt von El Jadida unterscheidet sich nicht wesentlich von anderen. Doch ein Stadtteil lohnt auf jeden Fall einen Besuch : die 1502 von den portugiesischen Eroberern errichtete Festung. Bis Mitte des 18. Jahrhunderts war die ehemals Mazagão genannte Stadt Hauptniederlassung der Portugiesen in Marokko.

Ein Bummel durch Casablancas Cité Portugaise mit ihren Festungsmauern und zwei Toren lohnt sich unbedingt – sie zählt seit dem Jahr 2004 zum UNESCO-Weltkulturerbe. Die Festung flankieren vier gewaltige Bastionen aus dem 16. Jahrhundert. Sie wurden in späterer Zeit von den im 19. Jahrhundert aus Azzemmour hierher umgesiedelten Juden vervollständigt. Zum Meer hin endet die Portugiesenstadt an der Porta do Mar, dem alten Hafen. Ein Besichtigungs-Highlight ist auch die von Säulen und Pfeilern gestützte, unterirdische Zisterne (aus dem Jahr 1541) mit gotischem Kreuzrippengewölbe in der Mitte der befestigten Stadt. Wenn sich die 25 beleuchteten Säulen im Bodenwasser spiegeln, herrscht hier eine geradezu mystische Stimmung.

Zeit für Casablanca und El Jadida

Anreise und beste Reisezeit

Flug: Die meisten internationalen Flüge nach Marokko landen in Casablanca (Flughafen Mohamed V., ca. 30 km außerhalb). Täglich Verbindungen von Royal Air Maroc, Lufthansa, Air France zu europäischen Flughäfen.

Zug: Hauptbahnhof Casa-Voyageurs und zentraler Bahnhof Casa-Port. Stündlich vom Flughafen in die Stadt (bis etwa 23.40 Uhr). Laufend Züge nach Rabat/Kénitra, mehrmals täglich nach Tanger, Marrakesch, Meknès/Fès.

Bus: Mehrmals täglich Verbindungen nach Marrakesch, Essaouira, Agadir, Fès etc.

Auto: Autobahn von Rabat (etwa 100 km) nach Casablanca, Autobahn nach Marrakesch (245 km). Gute Straße von El Jadida (92 km) nach Casa.

Beste Reisezeit: Ganzjährig.

Unterkunft

CASABLANCA:

Atlas Nouasser Airport, Rue Urban de Nouasser, Tel. 0522-536200, www.hotelsatlas.com. Ideal für die Weiter- bzw. Anreise, da nur ca. 3 km vom Flughafen entfernt, mit Pool, Garten und allem Komfort. DZ ab ca. 70 Euro.

Kenzi Basma**,** 35, Av. Moulay Hassan I, Tel.: 0522-223323, www.kenzi-hotels.com, DZ ca. 145 Euro. Sehr zentral nahe Place des Nations Unies, elegantes Oberklassehotel mit bewachtem Parkplatz.

EL JADIDA:

Le Mazagao, 6, Rue El Hajjar, El Jadida, Tel.: 0523-350137, www.lemazagao.com, DZ 50–75 Euro. Hübsches, traditionell gestaltetes Gästehaus.

Pullman Mazagan Royal Golf&SPA, 7 Kilometer außerhalb an der Straße nach Casablanca, Tel.: 0523-379100, www.pullmanhotels.com, DZ mit Balkon 90–155 Euro. Das Luxushotel mit 117 Zimmern, Pool, SPA und jeglichem Komfort liegt in einem Park mit 18-Loch-Golfplatz.

Sehen und erleben

Moschee Hassan II.: zweitgrößte Moschee der Welt, mehrmals täglich (außer freitags) einstündige Führungen.

Die Nouvelle Medina im Süden der Stadt wurde 1923 als Viertel für die Arbeiterklasse geschaffen und ist eine gelungene Mischung aus arabischer Baukunst und moderner Architektur. Das benachbarte Souk-Viertel Habbous lohnt ebenfalls einen Besuch.

Ziele in der Umgebung

Badestrände von Aïn Diab und Anfa im Westen der Stadt.

El Jadida mit portugiesischer Festung.

Strände nördlich von Mohammedia (etwa 40 km).

Information

Administration du Tourisme, 55, Rue Omar Slaoui, Tel.: 0522-279533, E-Mail: casablanca@tourisme.gov.ma.

Offizielle Webseiten: www.visitcasablanca.ma, www.eljadida.ma

1

2

3

4

Surfer, Künstler und Gnaoua

Einzigartiges Essaouira

Essaouira lockt mit dem Flair Andalusiens, einem malerischen Fischerhafen, marokkanischem Kunsthandwerk und kleinen Galerien in verwinkelten Gassen. In Sidi Kaouki finden dagegen Surfer und Sonnenhungrige Sand, Strand und Meer.

Essaouira und Marrakesch – wenn man sonst nichts in Marokko besichtigt, diese Städte muss man erlebt haben! Das besondere Flair Essaouiras, der Stadt am Atlantik, lässt sich schwer in Worte fassen. Sind es die weißen Häuschen hinter der von der Brandung gezeichneten rotbraunen Stadtmauer, die allgegenwärtigen, über den Köpfen schwebenden Möwenscharen, die bunten Fischerboote mit ihren Fahnen und Netzen im Hafen, die kleinen gepflasterten Gässchen der Medina mit einer Galerie oder einem Kunsthandwerksladen an jeder Ecke? Es ist sicher die Kombination aller Eindrücke, die auf den Besucher einströmen. Die Ursprünge Mogadors, wie Essaouira früher genannt wurde, gehen auf die Karthager im 4. Jahrhundert v. Chr. zurück. Der mauretanische König Juba II. unterhielt auf den vorgelagerten Inseln im 1. Jahrhundert Purpurmanufakturen, in denen der rote Farbstoff der Purpurschnecke verarbeitet wurde. Im 11. Jahrhundert brachten Karawanen, die vom Senegal und Niger kamen, Elfenbein und Goldstaub in die Stadt. 1506 errichteten die Portugiesen ein Fort und zeitweise diente Mogador auch Piraten als Unterschlupf. Die heutige Medina Essaouiras geht jedoch auf den Alaouiten-Herrscher Sidi Mohammed Ben Abdallah im 18. Jahrhundert zurück, der den französischen Ingenieur Cornut beauftragte, die Stadt zu befestigen. Die rechtwinklige Gestaltung mit breiten Straßen und die ursprüngliche Dreiteilung der Medina in Quartiere für Christen, Juden und Muslime beruht auf seinen Plänen. Eine dicke Stadtmauer schließt die Altstadt zum Meer und zur Landseite hin ab. Mogador wurde zu Essaouira, »der befestigten Stadt«, sowie ein wichtiger Hafen und Handelsplatz. Zahlreiche jüdische Händler ließen sich hier nieder. Im 19. Jahrhundert hatte Essaouira fast die Hälfte des überseeischen Handels des Landes in seiner Hand. Karawanen aus Timbuktu tauschten hier Gold und Elfenbein gegen Lederwaren, Salz und Zucker. Heute ist das Städtchen mit etwa 100 000 Einwohnern vor allem Fischereihafen – und Touristenort.

1 Im bunten Fischerhafen von Essaouira am Rand der Altstadt. **2** Der Duft von Rosenblüten umfängt den Innenhof eines Riads. **3** Essaouira und Sidi Kaouki sind Surfreviere für Könner. **4** Abendstimmung in den lebhaften Souks von Essaouira.

1

2

3

Bis vor etwa 15 Jahren war Essaouira noch kaum von Touristen frequentiert – ein Geheimtipp unter Globetrottern, die Marokko auf eigene Faust bereisten. Fast allein bummelte man durch die beschaulichen Gassen und verfolgte das ursprüngliche und ruhige Leben der Kleinstadt. Heute eröffnen ständig neue, traditionell gestaltete *maisons d'hôtes* in alten Stadthäusern der Medina und bieten Unterkunft für alle Ansprüche. Junge Rucksacktouristen und Alternative mit Dreadlocks und bunten Pluderhosen, aber auch gut situierte Kulturreisende bevölkern die Gassen. Gelegentlich bieten Haschisch-Händler den Touristen ihre Ware an. In Diabat, vor Kurzem noch einsamer Dünenstrand und einstiger Hippietreffpunkt 4 Kilometer südlich, steht das touristische Mammutprojekt »Mogador Essaouira« mit Luxushotels und 18-Loch-Golfplatz bereits kurz vor der Fertigstellung.
Von Agadir oder Marrakesch kommend führt der breite Boulevard Mohamed V. am Strand entlang auf die Stadtmauer zu. Vormittags liegt ein dichter Dunst über dem Atlantik und den Straßen, der sich im Laufe des Tages auflöst. Entlang des sauberen Sandstrands zieht sich eine Promenade mit Surfclubs (Kurse und Verleih) und Cafés. Hier weht meist eine steife Brise, die bei Wind- und Kitesurfern für Spaß sorgt, aber das Badevergnügen etwas einschränkt.

4

5

1 Angler holen vor den Klippen Essaouiras ihren Fang ein. **2** Babuschen gibt es in der Medina von Essaouira in allen erdenklichen Farben und Formen. **3** Die weißen Häuser der Medina von Essaouira umgibt die mächtige, von den Portugiesen errichtete Stadtmauer. **4** Abends kehrt im Hafen von Essaouira Ruhe ein. **5** Alltag in der Medina.

Essaouira ist bekannt als *»windy city«*, hier und in den umliegenden Orten trifft sich die Surferszene aus aller Welt. Im Frühjahr, Herbst und Winter wird es hier an der Küste mit kurzen Ärmeln schon mal frisch. Die herrlichen Sandstrände ein paar Kilometer südlich und nördlich von Essaouira – erreichbar mit den ständig verkehrenden Stadtbussen – sind für Badelustige sicherlich besser geeignet. Aber Essaouira hat noch viel mehr zu bieten als Strand.
An der Stadtmauer muss das Auto abgestellt werden, weiter geht es zu Fuß zur Place Mulay Hassan am Eingang zur Medina. Der Platz verbindet den idyllischen Fischerhafen mit den Gassen der andalusisch geprägten Medina. An der Place Mulay Hassan gibt es eine Bank, gemütliche Cafés und internationale Zeitschriften in Jack's Kiosk. Dort sollte man sich auch nach den traditionell und stilvoll gestalteten Appartements erkundigen, die der Schweizer

1 Kramerläden in der Medina von Essaouira. **2** Zum Gnaoua-Festival treffen sich jährlich im Juni Musiker und Musikfreunde aus der ganzen Welt. Die Gnaoua mit ihren im Takt schwingenden Bommelhüten spielen die Trommel *guembri* und die Kastagnetten *graqeb*. **3** Von fast jeder Dachterrasse bietet sich ein Blick über die Stadt und aufs Meer. **4** Das »Lalla Mira« liegt inmitten enger Medinagassen.

Jack Oswald an Touristen vermietet. Die meisten bieten einen fantastischen Ausblick über die Dächer und das Meer. Über die Rue de la Sqala entlang der mit Zinnen und Eckbastionen versehenen Stadtmauer erreicht man die Sqala de la Kasbah. Von den alten Festungsanlagen blickt man über die Klippen auf die Brandung; an den alten spanischen Bronzekanonen treffen sich marokkanische Pärchen zu einem Stelldichein.

Von dort lässt man sich einfach durch das geordnete Labyrinth der sauberen Gassen mit ihren weißen Häusern treiben und bewundert die vielgestaltigen grün und blau getünchten Eingangsportale und steinernen Bogengänge. Auf dem Weg liegen hübsche Restaurants in renovierten Stadthäusern, Galerien lokaler Künstler, allerlei Souvenirgeschäfte mit orientalischem Kunsthandwerk und den überregional bekannten Einlegearbeiten aus duftendem Thujen- und Zitronenbaumholz. Hier ist alles im Angebot: von Schmuckkästchen und Salatschalen über Schachbretter bis hin zu Truhen und Wohnzimmertischen – Essaouira ist ein wahres Einkaufsparadies für Liebhaber orientalischer Wohneinrichtung und nicht verkitschter Souvenirs. Der Preis ist allerdings – wie immer in Marokko – Verhandlungssache und senkt sich meist schlagartig, sobald man Anstalten macht, den Laden zu verlassen.

Folgt man der größten Straße der Medina, der Avenue Oqba Ibn Nafi, in Richtung Nordwesten, so fällt der Uhrenturm in der Stadtmauer ins Auge. Frauen in weißer Verschleierung, dem *haik,* mit schwarzem Gesichtstuch, das Mund und Nase verdeckt, huschen wie Gespenster über den Weg. Weiter führt der Stadtbummel zum Souk Djedid mit Gemüse, Gewürzen, günstigen Keramikwaren aus Safi und den landestypischen Metzgereien: ein Fenster zur Straße, auf der Theke sind ein paar Ziegenköpfe aufgetischt. Durch die Mellah, das alte Judenviertel, erreicht man das Nordende der Medina mit dem Bab Doukkala. Hier schließen sich die eher unattraktiven Neubauviertel an die Altstadt an.

Alljährlich im Juni lockt das Gnaoua-Festival Musikliebhaber und Journalisten aus aller Welt nach Essaouira. Die Gnaoua – schwarze, in islamischen Bruderschaften organisierte Musiker – stammen ver-

mutlich von westafrikanischen Sklaven ab. Der Gnaoua-Kult inspirierte schon in den 1970er-Jahren Bob Marley, Jimi Hendrix, die Rolling Stones, Jim Morrison und Peter Gabriel, die Essaouira besuchten oder hier eine Zeit lang lebten. Die Stadt entwickelte sich damals zum Hippietreffpunkt und Aussteigerziel.

Die Gnaoua verstehen sich nicht nur als Musiker – die Musik und der Tanz in Trance werden in mystischen Ritualen lila zur Beschwörung der Geister und zur Heilung verwendet. Der Maâlem führt die Gruppe aus Eisenkastagnetten-Spielern, Trommlern und Spielern der *guembri*, der dreisaitigen Basslaute, an. Einige Musiker tragen mit Kaurimuscheln verzierte Kappen mit einem langen Bommel, der im Rhythmus mit dem Kopf stetig im Kreis gedreht wird. Wer schon einmal probiert hat, selbst den Bommel auf dem Kopf in Schwingung zu halten, weiß allein diese Bewegung als Kunst zu schätzen. Wer sich für Musik und die Instrumente der Gnaoua interessiert, sollte das kleine Volkskunstmuseum Sidi Mohamed Ben Abdallah an der Rue Laalouj besuchen. Im Erdgeschoss befindet sich eine schöne Sammlung alter Musikinstrumente und eine Ausstellung zur Musikgeschichte, insbesondere der Gnaoua. Im ersten Stock sind Silberarbeiten und Bilder ausgestellt.

Neben einem Spaziergang durch die Medina sollte man auf keinen Fall den Fischereihafen südlich der Altstadt verpassen. Vorbei an den Garbuden der Fischer, die zu günstigen Festpreisen den frischesten Fang grillen, geht es durch die Porte de la Marine zum Hafenbecken. Hier schaukeln die blauen Fischerboote mit riesigen Netzen im Wasser. Möwen ziehen kreischend ihre Kreise und hoffen auf Fischabfälle. Vormittags kann man in einer Halle die Auktion der gefangenen Sardinen miterleben. In den traditionellen Bootswerften kann man beobachten, wie aus einem Holzgerippe ein Fischerboot entsteht. Ganz am Ende des Kais sollte man sich einen Platz für ein Abendessen im Restaurant »Chez Sam« reservieren. In uriger Seemannsatmosphäre mit Schiffsluken direkt zum Wasser gibt es hervorragende Bouillabaisse, Fisch und Meeresfrüchte. Auch der vorzügliche weiße Mogadorwein aus Kellereien der Umgebung wird hier ausgeschenkt.

Für Essaouira sollte man sich Zeit nehmen, am besten mehrere Tage. Und die schönste Art, hier zu wohnen, ist in einem der Gästehäuser in der Medina. Alle sind im traditionellen Stil renoviert, mit lokalem Kunsthandwerk eingerichtet und bieten als zusätzliches Highlight eine Dachterrasse mit Blick auf die Altstadt und das Meer. Das älteste, eines der bekanntesten und sicher auch eines der teuersten Gästehäuser der Stadt ist die »Villa Maroc«. Beson-

1 Das »Riad al Medina«, alter Stadtpalast mit großzügigem Innenhof inmitten der Medina, hier wohnte schon Jimi Hendrix. **2** Zimmer auf mehreren Etagen im »Lalla Mira«. **3** Ideal zum Verwöhnen und Entspannen: die Dachterrasse des »Lalla Mira«. **4** Salon im »Riad al Medina«.

ders zu Ferienzeiten und während des Gnaoua-Festivals müssen die Unterkünfte in Essaouira unbedingt vorreserviert werden, denn dann ist die Stadt voll. Als erstes Bio-Hotel Marokkos hebt sich »Lalla Mira« der Deutschen Felicitas Christ von den anderen Gästehäusern der Medina ab. Unter dem Motto »Exotischer Zauber und Wohlsein in Essaouira« bietet »Lalla Mira« europäischen Komfort, verbunden mit traditionellen Stilelementen. Das Gästehaus befindet sich direkt neben dem wunderschön renovierten, ältesten Hamam der Stadt. Hier wäscht man sich nach einem langen Tag in der Stadt oder am Strand in orientalischer Tradition die Salzkruste von der Haut und lässt sich anschließend noch ausgiebig mit duftenden Ölen massieren. Die Gnaoua nutzten das Hamam als Heilbad und nannten es nach einem der Geister der Gnaoua-Musik »Lalla Mira«. Bis heute bringen die Frauen Essaouiras kleine Opfergaben zum Bad für »Lalla Mira«, in der Hoffnung, von Gebrechen

und Beschwerden geheilt zu werden. Auch im Gästehaus schenkt man der Gnaoua-Medizin besondere Aufmerksamkeit und die Gäste haben die Möglichkeit, Geschichte und Tradition der Gnaoua näher kennenzulernen. Und natürlich ist das Bio-Hotel ökologisch orientiert: Die wahrscheinlich einzige Solar-Fußbodenheizung Nordafrikas ist individuell regelbar, ein Grauwasserkreislauf hilft Wasser zu sparen, Matratzen, Kissen und Decken sind mit allergikerfreundlichem Kapok gefüllt. Die Küche ist auf vegetarische und Vollkost-Gerichte spezialisiert – dabei kommen alle Produkte aus lokaler, kleinbäuerlicher Landwirtschaft.

Für Surfer bietet sich von Essaouira ein Ausflug ins 27 Kilometer südlich gelegene Sidi Kaouki an. Die große Grabstätte des Heiligen Sidi Kaouki liegt direkt am Meer. Der kleine Ort gilt als eines der besten Wind- und Kitesurfreviere Marokkos – wegen der hohen Wellen nur für Geübte. Hinter den niedrigen Dünen des weiten Sandstrands erstreckt sich eine einsame Küstenlandschaft mit Arganien, Pinien und Thujen. Individualtouristen finden in dieser Idylle mehrere nette Gästehäuser, nur wenige Schritte vom Strand entfernt.

Zeit für Einzigartiges Essaouira

Anreise und beste Reisezeit

Flug: Mit Condor und Air Berlin nach Agadir (172 km von Essaouira), mit Royal Air Maroc, Easy Jet und Ryan Air nach Marrakesch (180 km von Essaouira).

Bus: Busbahnhof in der Neustadt (Bd. Moulay Youssef). Täglich Busse nach Agadir, Safi, El Jadida, Casablanca und Marrakesch. Stadtbuslinie Nr. 2 nach Sidi Kaouki.

Auto: Gute Straße (R207, ca. 180 km) von Marrakesch, schöne Küstenstrecke (R301, ca. 130 km) von Safi. Von Agadir 175 Kilometer Asphalt entlang hügeliger Küste (N1).

Beste Reisezeit: Für Surfer zwischen Oktober und März, für Strandurlauber im Sommer (sonst recht kühl).

Unterkunft

ESSAOUIRA:

Lalla Mira, 14, Rue d'Algérie, Tel.: 0524-475046, www.lallamira.net, DZ 43–90 Euro. Bio-Hotel mit vegetarischen Gerichten und sehr schönem Hamam. Traditionell gestaltete Zimmer mit Bad, TV und Fußbodenheizung.

Villa Maroc, 10, Rue Abdellah Ben Yassine, Tel.: 0524-473147, www.villa-maroc.com, DZ/Suite 95–180 Euro. Drei miteinander verbundene, stilvoll gestaltete Medinahäuser mit Zimmern auf mehreren Etagen, tolle Dachterrasse mit Meerblick.

Jack's Apartments, 1, Place Moulay Hassan, Tel.: 0524-475538, www.jackapartments.com. Wunderschöne Appartements mit Blick über das Meer und die Dächer der Medina, 65–120 Euro/Tag.

Riad al Medina, Tel.: 0524-475 907, www.riadalmadina.com. Restaurant und Hotel in einem renovierten Hofhaus aus dem 19. Jh.

SIDI KAOUKI:

Résidence Sidi Kaouki, Tel.: 0524-783206, www.sidikaouki.com. Gästehaus mit zehn gemütlichen Zimmern, frischer Fisch auf Bestellung.

Sehen und erleben

Galerie Damgaard: Rue Oqba Ibn Nafia, älteste und populärste Galerie Essaouiras.

Reiten auf Kamelen und Pferden am Strand entlang: Ranch de Diabat, www.ranchdediabat.com, Tel.: 0662-297203.

Gnaoua-Festival: jährlich im Juni (www.festival-gnaoua.net), Musik, Tanz und Akrobatik-Vorführungen aus ganz Afrika.

Wind- und Kitesurfen im Atlantik.

Ziele in der Umgebung

Auf den zwei Purpurinseln vor Essaouira wurde unter Juba II. Purpur hergestellt und nach Rom exportiert. Überfahrt mit Fischerbooten möglich.

Das Dorf Diabat südlich von Essaouira war einst Ziel von Hippies und Musikern wie Jimi Hendrix. Am Dünenstrand entsteht ein touristisches Großprojekt.

Information

Délégation du Tourisme, 10, Rue du Caire, beim Bab Sbaa, Tel.: 0524-783532

Webseiten: www.mogador-essaouira.com, www.sidi-kaouki.com

1

2

3

4

Ferien am Strand

Touristenhochburg Agadir und Surfspot Taghazoute

Den Zauber des Orients sucht man im beliebtesten Touristenort und Badezentrum des Landes vergeblich; dafür bietet Agadir jedoch alle erdenklichen Freizeitaktivitäten und Ausflugsmöglichkeiten in die reizvolle Umgebung. Nur wenige Kilometer nördlich treffen sich in Taghazoute Surfer aus aller Welt auf den Wellen.

Waren Sie schon einmal in Afrika? Meist lautet die Antwort »Nein«. Und wenn doch, dann handelt es sich mit großer Wahrscheinlichkeit um den einwöchigen Pauschalurlaub in Djerba oder Agadir. Entsprechend gibt es hier alles, was das Touristenherz begehrt – nur kein ursprüngliches Marokko. Agadir liegt am Rand der Sous-Ebene, einem fruchtbaren Gebiet, das im Westen vom Atlantik, im Süden vom Anti-Atlas und im Nordosten vom Hohen Atlas begrenzt wird. Flüsse aus dem Hohen Atlas und der Oued Sous lassen hier Zitrusfrüchte, Bananen, Tomaten und viele weitere Obst- und Gemüsesorten gedeihen. Schon unter den Saadiern (16. Jahrhundert) bescherte der Anbau von Zuckerrohr und Baumwolle der Sous-Ebene Wohlstand.

Das Aufkreuzen des deutschen Kanonenboots »Panther« vor der Küste Agadirs 1911 zum »Schutz« der dort angesiedelten deutschen Bewohner und Niederlassungen vor den Franzosen ging als »Panthersprung von Agadir« in die Geschichte ein. 1912, nach der Unterzeichnung des Protektoratsvertrags mit der französischen Kolonialmacht, zogen sich alle Deutschen aus dem Land zurück.

Damals begann bereits die Karriere der Stadt als Badeort. Die in alle Richtungen expandierende 500 000-Einwohner-Stadt setzt in erster Linie auf den Tourismus: So führt die Strandpromenade inzwischen von der 2007 fertig gestellten Marina mit Yachthafen, vornehmen Appartements, Restaurants und Boutiquen ganz im Norden über mehrere Kilometer bis zum südlichsten Stadtviertel Founty, wo in den letzten Jahren immer mehr Luxushotels entstanden.

Außer den wenig sehenswerten Resten der Kasbah (16. Jahrhundert) auf dem Hügel am westlichen Stadtrand gibt es in Agadir nichts Historisches zu besichtigen. Ein Erdbeben am 29. Februar 1960 zerstörte in nur wenigen Sekunden fast alle Häuser und kostete 15 000 Menschen das Leben. Die schlichte Architektur des Wiederaufbaus wirkt in Marokko gänzlich fremdartig und auch das

1 Kunsthandwerkerzentrum von Coco Polizzi in der Medina von Agadir. **2** Zahlreiche Luxushotels locken Badegäste nach Agadir. **3** Blick auf das Stadtzentrum und den Strand von Agadir. **4** Maurischer Salon des modernen, aber im Berberstil erbauten Hotels »Atlantic Palace« in der südlichen Hotelzone Agadirs.

1 Entspannen unter Palmen im »Hotel Royal Atlas«. **2** Luxus, Poollandschaften und tropischer Garten im »Palais des Roses«. **3** Gepflegter und großzügiger Salon zum Meer im »Palais des Roses«.

touristische »Retortenviertel« Agadirs um den Boulevard Oued Souss und den Boulevard du 20 Août unterscheidet sich ganz erheblich vom Rest Marokkos.

Agadirs Karriere als Badezentrum förderte vor allem sein ganzjährig gleichmäßiges Klima. Die durchschnittlichen Temperaturen liegen nicht unter 16 Grad Celsius und nicht über 27 Grad Celsius. Auch die Wassertemperaturen fallen im Winter nicht unter 16 Grad Celsius, im Sommer liegen sie um die 19 Grad Celsius, bei Lufttemperaturen von etwa 25 Grad Celsius. Mit 300 Sonnentagen im Jahr regnet es in Agadir nur wenig.

Die Lokale entlang der z. T. palmengesäumten, bestens gepflegten Strandpromenade sind ganz auf (vor allem deutsche) Pauschalurlauber eingestellt: mehrsprachige Speisekarten mit »Bier vom Fass«, »Alles-klar«-Begrüßung und die BILD-Zeitung gehören fest zum Programm. Ob Sushi, Tajine, Pizza oder Burger – hier findet jeder Gaumen den passenden Geschmack. Agadir bietet im Vergleich zu anderen marokkanischen Städten ein abwechslungsreiches Nachtleben. Nach europäischem Vorbild bieten die großen Hotels eigene Nachtclubs mit Bauchtanzvorführungen oder andalusisch-marokkanischer Livemusik. Risikofreudige versuchen ihr Glück im Kasino. In den meisten Touristenrestaurants und Hotels Agadirs schenkt man Alkohol aus – in Marokko keine Selbstverständlichkeit, denn dafür ist eine spezielle Lizenz notwendig.

Mangels einer echten Medina mit traditionellen Souks führt ein Shopping-Bummel durch die Läden im Touristenviertel zwischen Boulevard Oued Sous und Boulevard du 20 Août. Hier gilt jedoch: hart um den Preis verhandeln! Zum obligatorischen Touristenprogramm in Agadir gehört darüber hinaus der Besuch einer Herboristerie. Diese in allen Touristenstädten vertretenen »Naturapotheken« bieten in Räumen voller Regale mit bunt gefüllten Gläsern die verschiedensten Gewürze, Kräuter, Öle, Salben und Cremes an.

Wer es lieber sportlich mag, hat in Agadir die Möglichkeit zum Wind- und Kitesurfen, Tennisspielen, Reiten, Wasserskifahren, Segeln und zum Haifischfang auf hoher See. Die drei Golfplätze Agadirs werden von den Hotels mit Shuttlebussen angefahren.

Direkt an der Strandpromenade liegt das supermoderne Luxushotel »Royal Atlas« mit traumhafter Poollandschaft unter hohen Palmen.

Der angesagte »Actor's Club« gehört zur Anlage, sodass Nachtschwärmer vom letzten Drink bis zum schicken Hotelzimmer mit Balkon und Meerblick nur wenige Meter zurücklegen müssen. Marschiert man an dem sauberen Sandstrand entlang oder auf der Promenade immer weiter südlich, so erreicht man Founty, das neueste Hotelviertel nahe des Königspalasts. Hier bietet das 5-Sterne-Hotel »Palais des Roses« Panorama-Terrassen auf mehreren Ebenen, 8000 Quadratmeter Poollandschaft im tropischen Garten, Privatstrand, einen riesigen SPA-Bereich ... Das Interieur besteht aus einer Mischung aus marokkanischen und modernen Elementen.

Nächstgelegenes Ausflugsziel von Agadir ist Taghazoute, ein nettes Fischerdorf mit weiß getünchten Häuschen, etwa 20 Kilometer nördlich. Am breiten Taghazoute Plage herrscht am Wochenende Hochbetrieb. Während der Woche geht es eher ruhig zu. Im einfachen »Café Flouka« neben der Moschee kann man gut und günstig Fischgerichte probieren. Von Oktober bis April entwickeln sich Taghazoute und die langen Sandstrände weiter nördlich bei den beschaulichen Fischerdörfern Immi Oudar und Immesouane Plage zum Treffpunkt der internationalen Surferszene. Bekannte Spots sind Surfers Point, Paradis Plage oder Killer Point (wegen der hin und wieder gesichteten Killerwale)

Zeit für Agadir und Taghazoute

Anreise und beste Reisezeit

Flug: Mit Royal Air Maroc über Casablanca ab Frankfurt. Mit Condor und Air Berlin von verschiedenen deutschen Flughäfen direkt nach Agadir.

Bus: Busbahnhof an der Av. Mohamed Ben Brahim, zentraler Busbahnhof in Inezgane (7 km südlich) mit Abfahrten in alle Richtungen.

Auto: 85 Kilometer verkehrsreiche Straße nach Taroudannt (N10), Küstenstraße nach Essaouira (N1, ca. 175 km), ca. 90 Kilometer bis nach Tiznit (N1).

Beste Reisezeit: Ganzjährig, für Badeurlauber im Sommer.

Unterkunft

AGADIR:

Palais des Roses, Rue Oued Souss, Founty-Viertel, Tel.: 0528-828201, www.palaisdesroses.com. Luxushotelanlage mit Poollandschaft, Thalasso- und Spa-Center, Nightclubs, Privatstrand mit Wassersportangebot. DZ ca. 200 Euro.

Royal Atlas, Bd 20 Août, Tel. 0528 294040, www.hotelsatlas.com. Schickes 5-Sterne-Hotel direkt an der Strandpromenade mit herrlicher Poollandschaft unter Palmen. Wellnessangebot, Zimmer mit Meerblick.

Atlantic Palace Dorint, Bd 20 Août, Tel. 0528 824146, www.atlanticpalaceresort.com. Luxushotel mit palastartiger Lobby, eigenem Strand und Garten. Zimmer ab 220 Euro.

Sehen und erleben

Berberkunstmuseum: Passage Ait Souss, 9.30–19.30 Uhr, außer sonntags.

Fischereihafen und angrenzende neue Marina Agadir mit schicken Boutiquen, Yachthafen und guten Restaurants.

Strandleben am südlichen Strandabschnitt in Founty.

Ziele in der Umgebung

Strände zwischen Agadir und Tamri.

Taroudannt, Sous-Massa-Nationalpark.

Wasserfälle von Immouzzer: 62 Kilometer nordöstlich von Agadir beim Ort Immouzzer des Ida Outanane, Anfahrt durch das wildromantische »Paradise Valley«.

Information

Conseil Régional du Tourisme d´Agadir Souss-Massa Drâa, Av. Hassan II., Tel. 0528-842629, E-Mail: crtaga@menara.ma

Offizielle Webseite: www.visitagadir.com

1

2

3

4

Dünen, Vögel, Strand und Fluss

Sous-Massa-Nationalpark: Vogelparadies am Atlantik

Weite Sandstrände, Lagunen, erodierte Steilhänge und bewachsene Dünen bieten entlang der atlantischen Flachmeerküste und an der Flussmündung des Oued Massa im Sous-Massa-Nationalpark einen perfekten Lebensraum für eine Vielfalt an Vögeln und Pflanzen.

Nur 35 Kilometer nördlich von Tiznit und 50 Kilometer südlich von Agadir sind verschiedene Lebensräume der marokkanischen Küstenlandschaft in einem Nationalpark vereint. Der Sous-Massa-Nationalpark an der Mündung des Oued Massa in den Atlantik ist 338 Quadratkilometer groß und wurde mit Unterstützung der deutschen Entwicklungshilfegesellschaft GTZ (heute GIZ) aufgebaut. Der Oued Massa windet sich als grünes Band durch die ansonsten trockene, wüstenhafte Umgebung bis zum Atlantik. Im fruchtbaren Tal des Oued Massa gedeihen Getreide, Gemüse und Obst. Hübsche, ursprüngliche Dörfer mit weiß gekalkten Moscheen und Umzäunungen aus Feigenkakteen liegen am steil abfallenden Ufer. Die Flussmündung in den Atlantik säumt ein breiter Schilfgürtel. Im Hinterland wachsen widerstandsfähige Wüstenpflanzen wie Euphorbien, Dornbüsche und Tamarisken.

Mit etwa 200 heimischen und hier überwinternden Vogelarten ist der Sous-Massa-Nationalpark ein Paradies für Ornithologen. Bei ausgedehnten Spaziergängen entlang des Fluss-Hochufers und der Küstendünen lassen sich hier Wasservögel wie Flamingos, Löffler, Reiher, Ibisse und Fischadler beobachten. Mit etwas Glück entdeckt man auch seltene Arten wie Zwergseeschwalben oder Braune Sichler. Besonders interessant sind die Brutkolonien des stark bedrohten Waldrapps. Biologen zählten hier mehr als die Hälfte der Weltpopulation dieses Vogels. Neben Vögeln finden aber auch andere Tiere wie das Tschad-Zieselhörnchen, Wildschweine, Schildkröten und der Afrikanische Mungo hier Platz zum Leben. Im Park wurden außerdem aus dem Zoo Hannover stammende Säbelantilopen, Mendesantilopen sowie Strauße angesiedelt. Als besonderer Erfolg gilt die Auswilderung von Mhorr-Gazellen. Das letzte Wildtier wurde bereits 1968 erlegt, ein paar wenige Tiere aus Privathaltung konnte man jedoch in Almeria, Frankfurt und San Diego nachzüchten. Seit 1994 sind nun die ersten im Zoo geborenen Mhorr-Gazel-

1 und **2** Der Sous-Massa-Nationalpark ist Lebensraum für mehr als 200 Vogelarten. **3** Im Frühjahr blühen Blumen in allen Farben entlang des Oued-Massa-Ufers. **4** Natur pur im Sous-Massa-Nationalpark: Dünen, Lagunen und Meer.

1

2

1–6 Relaxen, dinieren und schlafen in märchenhafter Atmosphäre: das »Ksar Massa« verbindet innen und außen marokkanische Elemente und Formen in knalligen Farben zu einem stilvollen Ganzen. Darüber hinaus liegt es direkt an einem traumhaften Sandstrand.

len im Massa-Nationalpark wieder in ihrem natürlichen Lebensraum heimisch.

Von der Verbindungsstrecke zwischen Agadir und Tiznit zweigt im Ort Had Balfa eine zunächst geteerte Straße, dann eine sandige kleine Piste zum Dorf Sidi R'bat ab, das am nördlichen Ufer des Oued Massa am Rand des Nationalparks liegt. Folgt man der Beschilderung, so landet man auf dem staubigen Parkplatz des »Ksar Massa«. Das leuchtend rote Hotel in Form eines Forts mit Türmchen, Zinnen und Mauern thront in traumhafter Lage zwischen Dünen und Flussmündung über dem Strand. Um den zum Meer hin offenen Hofgarten mit Kakteen, Palmen und Pool gruppieren sich die geräumigen Zimmer, individuell und farbenfroh mit lokalem Kunsthandwerk eingerichtet. In zwei Villen finden auch Familien genug Platz. Von der Terrasse mit gemütlichen Sitzecken genießt man einen herrlichen Blick auf den weiten menschenleeren Sand-

4

strand sowie das Meeresrauschen und die salzige Brise. An kälteren Tagen kann man sich in den marokkanischen Salon oder das Kaminzimmer zurückziehen oder im SPA mit Jacuzzi relaxen. Südlich des »Ksar Massa« dehnt sich der Nationalpark aus, in dem man entweder allein oder mit einem Führer Wanderungen unternehmen kann. Zum Sandstrand sind es nur wenige hundert Meter und wenn der Atlantik nicht zu hohe Wellen schlägt, lässt es sich hier im Sommer herrlich baden.

Eine ausgefahrene Piste führt von Sidi R'bat in Richtung Norden bis zum nächsten Fischerdorf. Hier gibt es wunderschöne, einsame Strände aus grobem Muschelsand zu entdecken. In den ausgespülten Steilhängen entlang der Küste wohnen Fischer in spartanischen Felshöhlen, die sie Touristen gegen ein kleines Trinkgeld gerne zeigen. Abenteuerlustige mit Geländewagen folgen der sandigen Piste entlang der Küste weiter bis Tifnite, wo man wieder auf die Hauptstraße Richtung Agadir gelangt.

Der touristisch bisher kaum erschlossene Sous-Massa-Nationalpark bietet viel Raum für individuelle Entdeckungstouren in einer großartigen Naturlandschaft, die leider von zwei Seiten bedroht wird: Sowohl in Aglou am Südrand des Parks als auch in Tifnite an der Küste weiter nördlich sind große Tourismusprojekte in Planung.

Zeit für Oued Massa – Vogelparadies am Atlantik

Anreise und Reisezeit

Flug: Direktflüge von Condor und Air Berlin zum Flughafen Agadir (ca. 40 km entfernt).

Bus: Stadtbus Nr. 22 ab Agadir bis Sidi Abou, dort umsteigen in Bus Nr. 17 nach Massa.

Auto: Abzweig zum Nationalpark zwischen Tiznit und Agadir (N1) bei Had Ait Belfa.

Beste Reisezeit: Ganzjährig, für Vogelbeobachtungen im Winter.

Unterkunft

Ksar Massa, Tel.: 0661-280319 oder 0662-802485, E-Mail: info@ksarmassa.com, www.ksarmassa.com. Wie eine Festung thront die Anlage mit Pool, SPA-Bereich und schönem Kaktusgarten oberhalb des Strands am Rand des Nationalparks. Knallige, orientalische Zimmer, 175 Euro.

Sehen und erleben

Wasservögel, Oued-Massa-Mündung und Dünen im Sous-Massa-Nationalpark. Naturwanderungen im Park und Strandspaziergang zu den Höhlenwohnungen der Fischer nördlich von Sidi R'bat und Ksar Massa.

Ziele in der Umgebung

Agadir, Tafraoute.

Tiznit: von einer mächtigen Stadtmauer umgebene Altstadt.

Sidi Moussa d'Aglou: beschauliches Fischerdorf mit schönem Strand, 50 km südlich.

Information

www.tourismerural.ma: Informationen zu den Schutzgebieten in Marokko, zu möglichen Aktivitäten und (ökotouristischen) Unterkünften.

5

6

1

2

3

Klippen und Karawanenwege

Sidi Ifni, Guelmim und die südliche Atlantikküste

Auf einer Fahrt über Sidi Ifni nach Guelmim, zum Fort Bou Jerif, der Plage Blanche und weiter bis in die Westsahara gewinnen Reisende einen Eindruck von der Weite und unverfälschten Schönheit der wenig besuchten südlichen Atlantikküste.

Tiznit markiert die untere Grenze der touristischen Landkarte Marokkos. Zur Atlantikküste weiter südlich mit ihrem dünn besiedelten Hinterland aus Wüste und Halbwüste dringen kaum noch organisierte Reisende vor – noch weniger Touristen schaffen es in die schier unendlichen Weiten der Westsahara. Der abgelegene Süden Marokkos ist Terrain für Entdeckungslustige und wegen der großen Distanzen am besten für Selbstfahrer geeignet. Denn es sind nicht die Städte oder kulturhistorische Sehenswürdigkeiten, die den Reiz der Region ausmachen, sondern vielmehr die Fahrten entlang der Küste mit Abstechern zu den einsamen Sandbuchten mit einzelnen Fischerhütten.
Von Tiznit führt eine kleine Teerstraße Richtung Sidi Ifni. Die zerklüftete Steilküste entlang der Route wird immer wieder von Sandbuchten mit kleinen Siedlungen unterbrochen. Trockenflussbette (*oueds*) münden, gesäumt von Palmen, Feigenbäumen und Arganien, ins Meer. 48 km von Tiznit liegt das Fischerdort Mirleft, das sich in den letzten Jahren zu einer Feriendestination für Badeurlauber und Surfer entwickelte. Der Markt, eine Post, eine Bank und eine Tankstelle sorgen für die Basisversorgung. Unterhalb der neu entstandenen Siedlung »Les Amicales« mit Ferienhäusern erstreckt sich der schöne Strand. Sie stilvollste Unterkunft mit rustikalem Landhausambiente und fantastischem Blick über die Siedlung und das Meer bietet »Les 3 Chameaux« in den Überresten eines französischen Militärforts auf dem Hügel oberhalb des Orts. Die französischen Eigentümer organisieren diverse Aktivitäten und Ausflüge in die Umgebung.
21 Kilomdeter hinter Mirleft weist ein Schild rechts zur Bucht von Legzira. Noch vor wenigen Jahren war der etwa 3 Kilometer lange, wunderschöne Strand bis auf ein verlottertes Café menschenleer. Heute gibt es hier drei kleine Herbergen, die ihre Gäste herzlich willkommen heißen und jeden Abend fangfrischen Fisch servieren. Legzira ist zwar kein Geheimtipp mehr, aber immer noch einer der

1 Eine große Auswahl haben Kunden in der Metzgermeile in Tiznit. **2** und **3** Dromedar und Schaf suchen neue Besitzer: der samstägliche Kamelmarkt in Guelmim. **4** Ob Fels oder Sandstrand, die insgesamt 3000 Kilometer lange Atlantikküste hat viel zu bieten.

schönsten Plätze an der marokkanischen Atlantikküste. Bei einem Spaziergang über den weißen Sand läuft man durch zwei gewaltige, von Wind und Wellen geformte Tore aus rotem Sandstein. Über die Klippen in der Gezeitenzone huschen Krebse. Napfschnecken und Muscheln besetzen die Felsspalten und -löcher. Und ob man nun kopfüber in die Brandung springt oder nur ein bisschen die Füße ins Wasser streckt – beides bietet nach einer anstrengenden Autofahrt eine herrliche Erfrischung.
Nur 10 Kilometer weiter entlang der Hauptstraße liegt Sidi Ifni zwischen Meer und Wüste. Sidi Ifni fiel nach dem spanisch-marokkanischen Krieg 1860 an die Spanier. Diese bauten das kahle Kliff zu ihrem Stützpunkt und städtebaulichem Vorzeigeobjekt nach Schachbrettplan aus. 1957 rebellierte dann die marokkanische Bevölkerung. Weitere Angriffe von marokkanischer Seite folgten, bis die spanische Enklave schließlich 1969 an Marokko zurückfiel. Nach dem Abzug der Spanier wirkte Sidi Ifni über Jahrzehnte hinweg verwaist, verfallen und vergessen.
Auch heute noch versprüht die Kleinstadt einen eher maroden Charme. Die Place Hassan II. zeigt sich im spanischen Stil mit größtenteils verfallenden Art-déco-Häusern der 1930er-Jahre. Cafés, Surfshops, Ferienappartements und der von Jung und Alt bevölkerte

1 Rauer Atlantik am Strand von Legzira. **2** Ein bislang noch einsames Surfrevier: die Plage Blanche. **3** Karges Leben am Rand der Wüste bei Guelmim. **4** Mangels Alternativen spielt die Jugend in Sidi Ifni Fußball am Strand. **5** Die große Moschee wie hier in Sidi Ifni gehört zu jedem marokkanischen Stadtbild.

Strand ziehen im Sommer marokkanische und ausländische Touristen an. Die nächste Station ist Guelmim, eine Garnisonsstadt mit etwa 121 000 Einwohnern. Der Ort war einst eine wichtige Karawanenstation auf dem Weg nach Timbuktu. Hier wechselten bis in das 19. Jahrhundert Gewürze, Gold und Sklaven ihre Besitzer. Der jeden Samstag stattfindende Kamelmarkt an der Straße Richtung Tan-Tan hat sich inzwischen zur Touristenattraktion entwickelt – die Dromedare liefern noch immer wertvolles Fleisch und Kamelhaar, haben als Transportmittel über große Distanzen jedoch schon lange ausgedient.
Früher war der alljährliche große Kamelmarkt im Juli eine feste Institution und galt sogar als der bedeutendste der Sahara. Die »blauen Männer«, einst stolze Nomaden des Südens in indigoblauer *gandura* und mit schwarzem Kopfschleier, bieten sich als Kamelführer für einen schaukeligen Ausritt in die Wüste an. Auf dem Souk wird derweil alles feilgeboten, was man für den täglichen und nicht alltäglichen Gebrauch verwenden kann: Kleidung, Töpfe, Gewürze und allerlei Kleinkram.
Von Guelmim führt eine Teerstraße weiter zur Plage Blanche. Etwa 30 Kilometer vor dem »weißen Strand« zweigt rechts eine etwas holprige Piste zum »Fort Bou-Jerif« ab. Nach der Fahrt durch die unwirtliche Gegend erscheint die festungsähnliche, zinnenbewehrte Anlage wie eine Fata Morgana aus dem Nichts und erinnert ein wenig an Disneyland. Umgeben von sanften Hügeln, Sukkulenten und Dornbuschvegetation finden Naturliebhaber, Offroader und Afrikadurchquerer hier einen gepflegten Platz mit Motel, Drei-Sterne-Hotel, Pool und Camping unter Leitung des Franzosen Pierre Gerbens. Sparsame Camper brühen sich hier ihr Süppchen auf dem Gaskocher, die anderen genießen ein Dinner (Spezialität: Kamelfleisch-Tajine) im Restaurant mit einem Gläschen Rotwein bei dezenter Musik. Der Platz ist Austauschbörse für Saharafahrer, die weiter nach Mauretanien reisen, und zugleich eine gute Basis für Ausflüge. Unmotorisierte Reisende können verschiedene Aktivitäten vor Ort organisieren lassen oder einfach die Freiheit auf vier Rädern buchen: einen Geländewagen mit Fahrer, der jedes Wunschziel ansteuert.

1 und **3** Wie Disneyland in der Wüste: »Fort Bou-Jerif« bei Guelmim. **2** Einfach und typisch: das »Bellevue« in Sidi Ifni. **4** Ein Spaziergang am Strand von Legzira führt durch zwei riesige Felsbögen. **5** Auf einem Hügel über Mirleft thront das gemütliche »Les 3 Chameaux«.

Etwa einen Kilometer von dem Motel entfernt thront das namensgebende, von den Franzosen im Jahr 1935 errichtete »Fort Bou-Jerif« über dem meist Wasser führenden Oued Assaka. Im roten Nachmittagslicht lohnt sich ein Spaziergang durch das wüstenhafte, hügelige Land mit seinem kargen Charme. Am Bach quaken Frösche und am lehmigen Ufer sonnen sich Schildkröten.

Weiter zur Plage Blanche: Die Teerstraße von Guelmim endet nach 62 Kilometern an einem Steilabbruch oberhalb des Meers. Die Straße zu dem weiten Atlantikstrand diente ursprünglich als Erschließungsmaßnahme für ein geplantes Touristikprojekt – bislang ist es hier jedoch noch ruhig. Wer möchte, kann zur Flussmündung hinabsteigen, auf der anderen Seite liegt ein kleines Fischerdorf am einsamen Strand. Der vorbeifließende kalte Kanarenstrom sorgt im Hochsommer allerdings häufig für die Bildung eines langen Nebelbands entlang der Küste – zum Baden ist es deshalb leider oft zu kalt.

Von der Plage Blanche geht es auf Pisten nur noch für erfahrene Offroad-Fahrer weiter. Wer auf Asphalt weiter Richtung Süden vordringen möchte, begibt sich von Guelmim auf die Reise nach Tan-Tan. Dort startete am 6. November 1975 der »Grüne Marsch« von 350 000 unbewaffneten marokkanischen Zivilisten in die von den Spaniern verlassene Westsahara. Ab El Ouatia (Tan-Tan-Plage) folgen Hunderte Kilometer entlang der kahlen Steilküste, immer wieder unterbrochen von den sandigen Mündungen eines Oued. Kleine Wanderdünen überziehen das Land, während unterhalb des Steilabbruchs die geisterhaften Gerippe gestrandeter Schiffe zwischen den Wellen liegen.

In Tarfaya, etwa 350 Kilometer südlich von Guelmim, war Antoine de Saint-Exupéry 1927–1929 als Postkurierflieger stationiert. In der Einsamkeit der Wüste ließ sich der Schriftsteller für seine Werke »Wind, Sand und Sterne«, »Stadt in der Wüste« und »Der kleine Prinz« inspirieren. Heute locken Steuervergünstigungen und Zollfreiheit immer mehr marokkanische Siedler nach Laâyoune und Dakhla im äußersten Süden des Landes; die Orte, in die massiv investiert wird, gelten als Vorzeigeobjekte im anhaltenden Konflikt zwischen unabhängigkeitsfordernden Saharaouis und dem marokkanischen Staat.

Zeit für Sidi Ifni, Mirleft, Guelmim

Anreise und beste Reisezeit

Flug: Direktflüge aus Deutschland nach Agadir.

Bus: Nach Sidi Ifni Busse von Guelmim und Agadir aus. Von Guelmim täglich Verbindungen nach Laâyoune, Dakhla und Marrakesch.

Auto: Von Agadir über Tiznit ca. 175 Kilometer Asphaltstraße (R104, N1) nach Sidi Ifni und 190 Kilometer nach Guelmim (N1).

Beste Reisezeit: Ganzjährig.

Unterkunft

Suerte Loca, Sidi Ifni, Tel. 0528-875350, E-Mail: suerteloca36@yahoo.com. Einfache, aber gemütliche Traveller- und Surferunterkunft in Strandnähe. DZ ca. 25 Euro.

Les 3 Chameaux, Mirleft, Tel. 0528-719187, www.3chameaux.com. In den renovierten Gemäuern einer alten Festung über dem Fischerdorf Mirleft verbirgt sich ein sehr stilvoll traditionell gestaltetes, komfortables Gästehaus mit Pool, Berg- und Meerblick. DZ 120–150 Euro.

Fort Bou-Jerif, Guelmim, Tel.: 0672-13 00 17, Fax: 0528-873039, www.boujerif.com. Anfahrt: Von Guelmim auf einer Teerstraße Richtung Plage Blanche, dann Abzweig auf holprige Piste (9 km, beschildert). Zimmer im Motel (Bad am Gang), Hotel (3-Sterne-Standard) oder Petit Hotel 35–53 Euro/Pers. inkl. HP. Auch Camping und Übernachtung im Nomadenzelt möglich. Sehr gutes Essen (Spezialität: Kamelfleisch-Tajine), diverse Aktivitäten möglich.

Sehen und erleben

Offroad-Fahrten in der Umgebung der Plage Blanche und zur Oued-Drâa-Mündung.

Fischen, Surfen und Baden in Mirleft, an der Plage Blanche sowie an einsamen Atlantikstränden mit weißen Dünen südlich von El Ouatia.

Kamelmarkt in Guelmim jeden Samstag.

Ziele in der Umgebung

Mirleft (32 km nördlich von Sidi Ifni): Der beschauliche Marktort mit schönen Sandstränden ist bei Anglern und Surfern beliebt.

Tiznit (75 km nördlich von Sidi Ifni), mit beeindruckender, befestigter Altstadt.

Sous-Massa-Nationalpark, Tafraoute.

Westsahara mit riesigen, leeren Wüstenlandschaften und einsamen Stränden.

Information

Conseil régional du Tourisme, 17, Rue Lahbab, Guelmim, Tel.: 0528-873185

Offizielle Webseite: www.crt-guelmim.com

Ausläufer des Mittleren Atlas bei Fès.

Städte und Landschaften des Mittleren Atlas

1

3

4

Mystischer Orient

Fès, die weise – und älteste unter den Königsstädten

Stadt des Islam, der Gelehrten und Intellektuellen, der Künstler und Handwerker – Stadt aus 1001 Nacht. Orientkenner lieben Fès, und wer für einen Ausflug in eine archaisch wirkende Welt bereit ist, den wird es ebenso in seinen Bann ziehen.

Einen Besuch der Medina von Fès, ihrer maurischen Monumente und Heiligtümer, der ursprünglichen Souks und Handwerksbetriebe darf kein Reisender verpassen! Fès, am Nordrand des Mittleren Atlas gelegen, ist die älteste der vier marokkanischen Königsstädte und geistiges Zentrum des Landes. Die Medina steht als Weltkulturerbe unter dem Schutz der UNESCO.

Die Geschichte der Stadt reicht bis zum Anfang des 9. Jahrhunderts zurück, als Idris II. die Siedlung am Oued Fès als Regierungssitz eines Berberreichs gründete. Damals entstanden zwei Orte mit jeweils einer Freitagsmoschee an den beiden Ufern des Flusses. Ein Jahrzehnt später bot die überwiegend von Arabern besiedelte westliche Stadt Obhut für Flüchtlinge aus Kairouan, während die östliche solche aus Andalusien aufnahm – noch heute wird die Medina westlich des Flusses Karayouine-Viertel (mit der Karayouine-Moschee im Zentrum) und die kaum von Touristen besuchte östliche Siedlung Andalusier-Viertel genannt. Nach der Herrschaft der Almoraviden ging 1145 die Macht auf die Almohaden über, die im 13. Jahrhundert einen weit ausladenden Mauerring mit acht Toren bauten. Die bis dahin unter den Almoraviden und Almohaden entstandene räumliche Gliederung blieb bis heute weitgehend erhalten. Ab Mitte des 13. Jahrhunderts erklärten die Meriniden Fès zur Hauptstadt und bescherten ihr über drei Jahrhunderte die Blütezeit ihrer Geschichte.

Zur Unterbringung von Verwaltung, Hof, Hofstaat und Armee gründete der Herrscher Abu Yousef Yakoub 1276 etwas westlich des bisherigen Zentrums den neuen Verwaltungs- und Regierungssitz Fès Djedid. Südlich anschließend entstand die Mellah, in die Anfang des 14. Jahrhunderts alle Juden umgesiedelt wurden. Unter der Herrschaft von Moulay el-Hassan in der zweiten Hälfte des 19. Jahrhunderts errichteten reiche Kaufleute und Stammesfürsten prachtvolle städtische Wohnbauten sowie Stadtgärten und Paläste. Die Bourgeoisie versuchte sich gegenseitig mit prunkvollen, reich

1 Gemälde im »Palais Jamaï« in Fès. **2** Böden, Wände und Springbrunnen der Stadthäuser in Fès sind reich geschmückt mit *zelliges*: kleinteiligen, bunten Keramikfliesen in vielfältigen Mustern. **3** Bauchtanz im Restaurant »Al Fassia«. **4** Ein Labyrinth aus tausend Gassen und Heiligtümern mit grünen Ziegeldächern: die Medina von Fès.

dekorierten Häusern zu übertreffen – in einigen befinden sich heute Teppichläden, Restaurants und Gästehäuser. Nirgends in Marokko ist das Leben in der Altstadt, wie es seit Jahrhunderten scheinbar unverändert dahinplätschert, noch so hautnah spürbar wie in der Medina von Fès. Kein Ort versetzt uns vergleichbar in den Orient, wie wir ihn aus Büchern und von Bildern zu kennen meinen. Und in keiner Stadt verbergen sich solch prachtvolle Paläste hinter schmucklosen Mauern.

Dabei wäre die Altstadt in den letzten Jahrzehnten nach der Kolonialisierung (1912–1956) beinahe zugrunde gegangen. Die Abwanderung der wohlhabenden Fassis (Bewohner von Fès) in moderne Häuser der von den Franzosen errichteten Ville Nouvelle und der Zuzug armer Landbevölkerung führten zum fortschreitenden Verfall: Es herrschten katastrophale hygienische Bedingungen, mehrere Familien teilten sich ein Haus und es fehlte an Geld für die Instandhaltung – die Medina quoll über. Die alten, einst prachtvollen Wohnhäuser und Kulturdenkmäler drohten unwiederbringlich zu verfallen – bis in den 1990er-Jahren die ersten Restaurants und Teppichläden in alten Stadtpalästen eröffneten. Damit begann ein Restaurierungsprozess – und inzwischen ein Boom! – von einst prachtvollen Hofhäusern, in denen Ausländer und Marokkaner Gäs-

1 Ein Meisterstück maurischer Baukunst des 14. Jahrhunderts ist die Medersa Bou Inania in Fès. **2** Das mächtige Eingangstor ins Stadtviertel Fès-el-Djedid. **3** Typische Funduq-Architektur im Museé Nejjarine in der Medina. **4** Blick über die für islamisch Heiligtümer typischen, grün lasierten Ziegel in den Innenhof der Medersa Attarine. **5** Jedes Wohnviertel der Medina verfügt über einen eigenen Brunnen.

tehäuser, Restaurants und private Wohnhäuser einrichten. In Verbindung mit einem Projekt der Weltbank und der Stadtplanungsbehörde zur Rehabilitation der Medina ist ihr historischer Baubestand heute zum Teil gerettet – doch immer noch müssen hier viele Häuser mit Holzgerüsten vor dem sonst unvermeidlichen Einsturz bewahrt werden.

Ein Bummel durch die Medina beginnt an der Place de l'Istiqlal beim Dar Batha, dem Volkskunstmuseum, in dessen Räumlichkeiten während des international bekannten alljährlichen Fès-Festival des Musiques Sacrées diverse Veranstaltungen stattfinden. Am ersten Tag mietet man sich hier am besten einen offiziellen Führer für den Medinabesuch – zu erkennen an der Djellabah und der Führerplakette an der Brust. Vor dem Stadtbummel kann man schon mal im »Lune et Soleil« in einer Seitengasse etwas südöst-

1

2

lich des Dar Batha einchecken. In diesem ruhigen Gästehaus der deutsch-französischen Familie Möller fühlt man sich auf Anhieb wohl.
Die Eingänge zweier Suiten öffnen sich zu einem kleinen, lichtdurchfluteten Innenhof mit Zitronen- und Orangenbäumen, einem Mosaik-Springbrunnen und herumkriechenden Hausschildkröten. Die Dekoration der sechs hübschen Zimmer mit Jacuzzi widmet sich jeweils verschiedenen Themen mit antiken Sammelstücken wie brokatbestickten Gewändern, Werkzeug und Keramik. Jürgen, der Hausherr und ein leidenschaftlicher Koch, erzählt bei einem Glas Wein oder Bier gern Anekdoten aus dem Alltag in Fès – in den Genuss seiner Küche kommt man nach Voranmeldung bei einem Candlelight-Dinner.
Vom Batha-Platz führt eine Gasse vorbei an der Post und duftenden Garbuden zum Bab Boujeloud, dem schönsten Einlasstor in die Medina. Auf der einen Seite zieren es blaue, auf der anderen grüne Fayencen – die Farben der Stadt und des Islam. Vom Tor bahnen sich die beiden Hauptadern Talaa Kebira und Talaa Seghira ihren Weg ins Herz von Fès-el-Bali, dem alten Stadtteil westlich des Flusses. Kurz nach dem Bab Boujeloud entlang der Talaa Kebira öffnet sich auf der rechten Seite der Eingang zur Medersa

4

5

Bou Inania, einer zwischen 1350 und 1357 erbauten religiösen Hochschule. Der Innenhof ist eines der eindrucksvollsten Beispiele maurischen Kunsthandwerks überhaupt und das Staunen steht jedem Touristen, der ihn zum ersten Mal betritt, ins Gesicht geschrieben. Boden, Springbrunnen und Wände bedecken kleinteilige Mosaike, die in Handarbeit geklopft und lackiert wurden. Säulen aus Carrara-Marmor stützen den Gebetssaal. In den Stuck gemeißelte Kalligrafien und Arabesken schließen an die Mosaike an. Im ersten Stock zeigen die Fenster der winzigen Studentenzimmer Richtung Hof.

Lässt man sich mit der Flut der Menschen in weiten Kaftans und den typischen gelben Lederbabuschen weiter ins Innere der Medina treiben, so gelangt man zur Place Nejjarine mit den Tischlermärkten. Hier befindet sich auch das Tor zum prachtvollen Funduq Nejjarine mit seinem filigran gekachelten Waschbrunnen – eines der meistfotografierten Motive in Fès. Im Inneren ist ein sehenswertes Holzkunstmuseum untergebracht.

Die folgenden Souks Attarine und Seffarine sowie der überdachte Marktbereich der Kissaria bilden den Mittelpunkt des Handwerks und des Handels: Kupfer-, Messing- und Goldschmiede, Kesselklopfer, Wollfärber, Teppichhändler, Schneider, Garnhändler, Tischler, Drechsler, Gewürz-, Fisch- und Gemüsehändler sind hier vertreten. Das unermüdliche Hämmern und Klopfen aus kleinen Werkstätten, das Stimmengewirr, das Drängeln der Leute, die Eselskarren, die mit Waren vollgestopften Buden und die fremdartigen Gerüche verbinden sich zu einer berauschenden, exotischen Mischung.

Als Europäer suchen wir in diesem Gewirr der Gassen und dem vermeintlichen Chaos nach Anhaltspunkten, die uns ein System entdecken lassen könnten. Und läuft man offenen Auges durch die Medina, so erkennt man tatsächlich die Struktur einer dynamisch gewachsenen islamischen Stadt. Die Hofhäuser der Medina verbinden sich wie Waben zu einem dichten Gefüge. Die Altstadt ist in sich in Viertel gegliedert, die über ihre eigene Ausstattung verfügen: eine Moschee, ein Hamam, einen Souk, einen Brunnen. Im Gegen-

1 Das Dengeln der Handwerker ist nur eines der vielen Geräusche in der Medina von Fès. **2** Teekannen und Tabletts für den traditionellen *thé à la menthe*. **3** Die Dachterrasse des Restaurants »Palais de Fes, Dar Tazi« bietet den Gästen einen Genussblick über die Altstadt. **4** Handgetürmt: getrocknete Früchte aller Art. **5** Autoverbot: In den engen Gassen kommt es manchmal zu einem Stau von Maultieren und Eseln.

1

satz zu unseren geplanten europäischen Städten gibt es hier keinen geometrischen Aufbau, keine gerade Durchgangsstraße. Hauptgassen führen als Verkehrsadern für Fußgänger durch die Altstadt, davon abgehende – früher zum Teil abschließbare – Sackgassen erschließen die Wohnbereiche. Dies ermöglicht die strenge Trennung von privatem und öffentlichem Raum in der islamischen Stadt. Die Märkte, die Hauptgassen und die Moschee dienen als Treffpunkte des öffentlichen Lebens, während das Wohnviertel und als kleinste Einheit das Wohnhaus geschützte private Bereiche sind. Das traditionelle marokkanische Haus öffnet sich nur nach innen zum Hof, in den von oben Licht und Luft strömt. Außen erscheinen die Häuser fensterlos und schlicht, innen voller Prunk: Die Salons gruppieren sich symmetrisch um den schmucken Innenhof mit Springbrunnen, Säulen und Bogengängen voller Stuck, Mosaiken und Zedernholzschnitzereien.

Hinter der Kissaria, dem überdachten Markt mit Djellabahs in allen Farben und Formen, erreicht man das größte Heiligtum der Stadt, die Zaouia Moulay Idris. Leider ist das Grabmal des Stadtgründers für Nichtgläubige nicht betretbar. Rundum stehen allerlei Devotionalien und köstlicher Nugat zum Verkauf. In der Nähe befindet sich die Karayouine-Moschee, vor der Erbauung der Hassan-II.-Moschee

2

1 Fachkundige Beratung zu (Wunder-) Heilmitteln jeder Art findet man in einer Herboristerie, einer traditionellen Apotheke. **2** Teppiche über Teppiche – meist vorzügliche kunsthandwerkliche Erzeugnisse, deren Qualität und Preis sich nach der Dichte der Knoten, den Kosten des Rohmaterials und dem Ruf der Knüpferin richten. **3** Mittlerweile erleichtern Wegweiser im Gassenlabyrinth die Orientierung. **4** Ein Wollspinner im weißen Gewand.

in Casablanca die größte Moschee des Maghreb und eine der ältesten Universitäten der islamischen Welt aus dem 9. Jahrhundert. Hier lehrte der bedeutendste Historiker des Islam, Ibn Khaldoun. Zusammen mit der Bibliothek aus dem 13. Jahrhundert bildet sie den Kern der Stadt als religiöses und intellektuelles Zentrum. Ein Blick durch ein Portal vermittelt einen Eindruck von der maurischen Architektur im Inneren, das für Christen tabu ist. Die Koranschulen Medersa Attarine und Medersa Seffarine aus der Merinidenzeit stehen auch Touristen offen und lohnen einen Besuch.
Das eindrucksvollste Erlebnis bei einem Bummel durch die Medina von Fès bleibt jedoch die Besichtigung einer Gerberei. In runden, wabenartig miteinander verbundenen Bottichen stampfen Handwerker in der stechenden Sonne das Leder. Mit mittelalterlichen Me-

1

1 Edle Seidenstoffe – marokkanisch modisch ohne Angst vor kräftigen Farben – findet man auf dem Souk. **2** Im Gerberviertel von Fès tauchen Arbeiter nach mittelalterlicher Tradition enthaarte Tierhäute in große Bottiche mit Farbe und streng riechender Beize.

thoden werden die Felle gereinigt, gekalkt, gebeizt und gefärbt. Die leuchtenden Farben der in der Sonne trocknenden Felle, der roten, gelben und weißen Bottiche ergibt für uns ein malerisches Fotomotiv – für die hiesigen Gerber ist es jedoch Schwerstarbeit in beißendem Gestank.

Das Gerberviertel liegt am zum Teil unterirdisch verlaufenden Oued Fès und von hier sind es nur wenige Schritte zur Place R'cif, dem einzigen Platz mitten in der Altstadt, zu dem einen Straße führt. Etwas südlich auf der linken Seite liegt der Eingang zum »Palais de Fès« – Teppichpalast, Restaurant und Gästehaus unter einem Dach. Die Mitarbeiter des Eigentümers Azzedine Tazi, der jahrelang als deutschsprachiger Stadtführer arbeitete, erläutern und präsentieren hier fachmännisch das riesige Teppichsortiment aus dem ganzen Land. Ein paar Stockwerke weiter oben findet man im Restaurant auf der Dachterrasse einen herrlichen schattigen Platz

1

3

2

4

6

5

1 Im »Palais de Fès, Dar Tazi«. **2** Traditionelle Teezeremonie auf den weichen Diwans des »Palais Jamaï«. **3** Im »Al Fassia«. **4** und **6** Das »Riad Lune et Soleil« gestaltete Suiten mit Werken der Marmoucha, einem Berberstamm des Mittleren Atlas ... **5** ... sowie des Berbervolks der Zaïane.

an Mosaiktischen, inklusive Blick über die Dächer der Medina. Die marokkanischen Vorspeisen-Variationen und Tajines mit ausschließlich frischen Zutaten aus biologischem Anbau gehören zu den besten des Landes. Auf der Terrasse befinden sich auch zwei der hübsch mit lokalem Kunsthandwerk dekorierten, komfortablen Gästezimmer. Die größten Zimmer in diesem Stadtpalast gruppieren sich um einen kleinen stuckverzierten Innenhof mit Zedernholzdecke und Mosaiken.

Wer echten Luxus und VIP-Feeling sucht, quartiert sich in *»one of the most romantic hotels of the world«* an der Place de L'Istiqlal ein. »La Maison Bleue« ist das älteste und teuerste Gästehaus der Stadt – ein Palast nach typischer Fassi-Art, ausgestattet mit feinstem Kunsthandwerk. Sobald man den großen, zum Himmel offenen Innenhof betritt, erscheinen drei Herren und servieren frische Datteln mit Milch. Gnaoua-Musiker spielen auf der *goumbri* (Laute), singen

1 Das stilvolle »Riad Lune et Soleil« steckt voller alter Sammlerstücke. 2 Eine helle und grüne Oase der Ruhe: der Innenhof des »Riad Maison Bleue«. 3 Ein Palast voller Stuck, Mosaiken und Zedernholzschnitzereien: das »Maison Bleue« in der Medina von Fès. 4 Von der Dachterrasse des Restaurants und Gästehauses »Palais de Fès, Dar Tazi« an der Place R'cif eröffnet sich ein Blick über die ganze Medina.

und rasseln mit ihren Schellen. Die Wände des Innenhofs bedecken blau-weiß-gelbe Mosaike. Die Eingänge zu den in den Seitenflanken untergebrachten Salons flankieren drei Meter hohe, kunstvoll geschnitzte und lackierte Zedernholztüren. Fein gearbeiteter Stuck verziert die Innenseiten und den oberen Abschluss der Rundbögen. Wasser sprudelt aus einem Springbrunnen, dessen winzige Mosaiksteine die ganze Wand einnehmen. Die Suiten mit Baldachinbetten im Obergeschoss sind mit etwa 70 Quadratmetern so groß wie eine Stadtwohnung.

Mehdi el Abbadi, Sohn einer der einflussreichen Fassi-Familien, managt die beiden Luxushotels »La Maison Bleue« und »Riad Maison Bleue«. Während Ersteres mit den roten Samtsesseln, der antiken Einrichtung aus dunklem Holz, Kristalllüstern und Humidor für teure Zigarren mehr das gut situierte, gesetzte Publikum be-

dient, wirkt das »Riad Maison Bleue« eher stylish. In diesem Hotel aus drei miteinander verbundenen Stadthäusern in einer Seitengasse der Talaa Kebira spielt nicht Gnaoua, sondern Funk. Die Sonne strahlt auf das Wasser des türkisen Pools, Vögel zwitschern in den wild wuchernden Palmen, Farnen und Orangenbäumen, die den Innenhof dieses orientalischen Traums flankieren.

Die Faszination des Orients, die jedem Reisenden bei einem Besuch von Fès in Erinnerung bleibt, beschrieb schon Hugo von Hofmannsthal: »Und so bin ich denn nach so wenigen Schritten mitten drin in dieser Stadt (...); wie schnell umgibt sie einen so vielgehäusig und geschlossen und ausgangslos, als wäre man ins Innere eines Granatapfels geraten. (...) Dieses Zusammenhängen aller Dinge mit allen, diese Verkettung der Behausungen und der Arbeitsstätten und der Märkte und der Moscheen, dieses Ornament der sich ineinander verstrickenden Schriftzüge, das überall von den sich tausendfach verstrickenden Lebenslinien wiederholt wird, all dies umgibt uns mit einem Gefühl, einem Geheimnis, einem Geruch, in dem etwas Urewiges ist, eine Urerinnerung – Griechenland und Rom und das arabische Märchenbuch und die Bibel.« (Hugo von Hofmannsthal, »Reise im nördlichen Afrika«, zitiert nach Stefano Bianca »Hofhaus und Paradiesgarten«).

Zeit für Fès – mystischer Orient

Anreise und beste Reisezeit

Flug: Mit Ryanair direkt nach Fès. Mit Royal Air Maroc von Frankfurt über Casablanca.

Zug: Verbindungen nach Meknès, Rabat, Casablanca, Marrakesch, Tanger, Oujda.

Bus: Busbahnhof am Bab Mahbrouk und an der Place Hussein Jordanie in der Neustadt. Täglich Busse in alle Richtungen.

Auto: Autobahn von Casablanca über Rabat und Meknès sowie von Oujda. Landstraße über den Mittleren Atlas von Midelt und Khénifra.

Beste Reisezeit: Außerhalb der heißen Sommermonate.

Unterkunft

Palais de Fès, Dar Tazi, 15, Makhfia R'cif, Medina, Tel.: 0535-761590, Mobil 0661-147268, www.palaisdefes.com. Dar Tazi vereint Teppichpalast, stilvolle Gästezimmer und eines der besten Restaurants Marokkos unter einem Dach. Von der schattigen Dachterrasse Traumpanorama auf die Medina. DZ 110–170 Euro.

Riad Lune et Soleil, 3, Derb Skallia, Douh/Batha, Medina, Tel.: 0535-634523, www.luneetsoleil.com. Familiär geführtes Gästehaus mit herrlichem Innenhof. Zimmer/Suite 65–125 Euro.

La Maison Bleue, 2, Place de l'Istiqlal, Medina, Tel. 0535-741843 oder 0535-636052, www.maisonbleue.com. Prunkvoller, alter Stadtpalast in zentraler Lage am Eingang zur Medina. Zimmer 190 Euro, Suite 280 Euro.

Riad Maison Bleue, 33, Derb el Miter, nahe Aïn Azleten/Talaa Kebira, Medina, Tel.: 0535-741873/39, www.maisonbleue.com. Luxusriad mit Pool, Dachterrasse und SPA-Bereich. Zimmer 190 Euro, Suite 280 Euro.

Sehen und erleben

Handwerkskunst live erleben: in einer Weberei, Gerberei, Bronzewerkstatt oder Brokatweberei in Fès-el-Bali und im Töpferviertel Aïn Nokhbi.

Musée Belghazi: Kunsthandwerk und Antiquitäten in einem alten Stadtpalast in der Medina.

Koranschulen in der Medina: Medersen Bou Inania, Attarine, Seffarine, Cherratine.

Fès-el-Djedid: die prunkvollen Eingangsportale des Königspalasts und das alte Judenviertel (Mellah) mit hölzernen Balkonen und Erkern.

Blick vom Borj Sud auf das Häusermeer der Medina mit den grünen Ziegeldächern der Heiligtümer.

Festival des Musiques Sacrées du Monde: 9 Tage Ende Juni mit Musikern aus aller Welt.

Ziele in der Umgebung

Meknès, heilige Stadt Moulay Idriss, römische Ruinen von Volubilis.

Zedernwälder, Seen und Berge des Mittleren Atlas.

Information

Syndicat d'Initiative, Pl. Mohamed V., Tel.: 0535-623460 oder 0535 626297.

Offizielle Webseite: www.visitfes.org

MINERAUX FOSSILES POTERIE
CERAMIQUE
1

2

3

4

Zedernwald und Badeseen

Azrou, Ifrane und das grüne Herz Marokkos

Der Mittlere Atlas um die Orte Azrou und Ifrane bietet Naturliebhabern Zedernwälder in grüner Mittelgebirgslandschaft, mit sprudelnden Bächen, frechen Berberaffen und einsamen Badeseen.

In den Wäldern und Hochplateaus des Mittleren Atlas finden Frischluftfanatiker und Outdoor-Fans ein Eldorado. Wanderer und Mountainbiker ohne alpine Ambitionen können genussvoll durch die grüne Landschaft streifen, ohne Hunderte Höhenmeter zu überwinden. Die klaren Bäche eignen sich zum Forellenfang oder Fliegenfischen. In den versteckten Seen in den Zedernwäldern kann man baden und sogar windsurfen. Der Mittlere Atlas zwischen Fès, Khénifra, Midelt und Guercif trennt die Zentralmeseta von den ostmarokkanischen Hochplateaus. Im Süden geht er teilweise in den Hohen Atlas über, im Ostteil erreichen die höchsten Gipfel über 3000 Meter, während der Westen des Mittleren Atlas eher Mittelgebirgscharakter aufweist. Hier liegt das grüne Herz Marokkos mit ausgedehnten Waldgebieten. Und hier entspringen die meisten großen Flüsse des Landes.

Die spitzgiebeligen Ziegeldächer, die blitzsauberen Alleen mit Platanen und Kastanien, die blühenden Blumenbeete und akkurat gestutzten Hecken in Ifrane wirken ganz und gar unmarokkanisch. In diesem Kur- und Ausflugsort auf 1650 Meter Höhe, etwa 80 Kilometer südlich von Fès, wähnt man sich auf einer europäischen Insel mitten im Maghreb. In den gepflegten ummauerten Gärten der weiß-gelben Häuser gedeihen Äpfel-, Birnen- und Kirschbäume statt Palmen und Datteln, wie man es in Marokko erwartet. Die Franzosen gründeten die Stadt im Mittleren Atlas als Erholungsstätte in den heißen Sommermonaten. Heute beziehen in der Saison von Juni bis September wohlhabende Marokkaner ihr Ferienhäuschen und genießen etwas Abkühlung von den heißen Wochen in Fès. Touristen schnuppern das europäische Flair in einem der Straßencafés bei einem Gläschen Tee. Der verstorbene König Hassan II. (1929–1999) unterhielt einen Sommerpalast im Osten der Stadt, der vom jungen König Mohamed VI. nur noch wenig genutzt wird. Stattdessen ließ dieser das alteingesessene Hotel »Michlifen Suites & Spa« nördlich des Zentrums zu einem Luxus- und Designtempel umgestalten. Das Interieur aus Holz, Marmor und Stein kombiniert Tiroler Berghüttenatmosphäre mit modernem Luxus. Im Art-déco-Restaurant genießt

1 Der Mittlere Atlas ist bekannt für seine Fossilien, die am Straßenrand verkauft werden. **2** Die Berberaffen leben in den Zedernwäldern des Mittleren Atlas. **3** Die Nomaden leben in *khaïmas* (Wollzelten) und ziehen mit ihrem Vieh über die Hochebenen. **4** Karge Ebenen sowie Zedern- und Eichenwälder bestimmen die Landschaft des Mittleren Atlas.

1 Im Hotelrestaurant kommt frische Atlasforelle auf den Tisch. **2** Einer der vielen idyllischen Seen im Mittleren Atlas: Dayet Hachlaf. **3** In der »Gîte d'étape Dayet Aoua« bei Azrou.

man 5-Sterne-Küche. Der Heliport und das SPA mit Außen- und beheiztem Innenpool lassen keine Wünsche offen.

Von Ifrane sind es nur 20 Kilometer durch Steineichenwald und schwarz-graue Hochebenen mit Nomaden und Viehherden bis nach Azrou. Auf dem Weg dorthin lohnt sich ein Spaziergang in den immergrünen märchenhaften Zedernwäldern. Die mächtigen Bäume mit den weit austragenden Ästen und duftender Rinde werden bis zu 900 Jahre alt. In den Kronen springen Berberaffen (Makaken) herum, die sich leicht mit Erdnüssen oder einer Wasserflasche locken lassen. Die schwanzlosen Affen der Gattung Macaca sind nur noch in den Wäldern des Mittleren Atlas und in einigen Berggebieten Algeriens vertreten. Im Sommer finden sie reichlich Nahrung, doch im Winter sind sie auf die Nadeln und Rinde der Zedern angewiesen. Der Lebensraum sowohl der Affen, als auch der Zedern ist mit der zunehmenden Abholzung und Überweidung der Region stark gefährdet. Mit der Einrichtung des Parc National d'Ifrane soll das gesamte Seen- und Zedernwaldgebiet des westlichen Mittleren Atlas zukünftig besser geschützt werden.

Das Berberzentrum Azrou ist ebenso wie Ifrane ein Höhenkurort für städtische Marokkaner. Seine Neustadt entstand Anfang des 20. Jahrhunderts unter den Franzosen. Heute ist die Stadt wegen ihrer verkehrsgünstigen Lage zwischen Meknès und Erfoud sowie Fès und Marrakesch ein wichtiger Handelsplatz im Mittleren Atlas. Im »Hotel Panorama« etwas oberhalb des Zentrums findet man einfache Unterkunft in einem gemütlichen Landhaus mit Kaminfeuer. Azrou selbst bietet wenig Sehenswertes, aber eignet sich gut als Ausgangspunkt für Ausflüge in die Region. Am Djebel Michliffen (2085 Meter) und am Djebel Hebri (2103 Meter) liegt im Winter außerdem genug Schnee für einsame Ski- und Langlauftouren.

Südlich von Azrou Richtung Ain Leuh breiten sich herrliche Zedern- und Steineichenwälder aus, in denen man Wanderungen und Radtouren unternehmen kann. Auf den kargen Hochebenen richten Halbnomaden im Sommer ihr Lager in Wollzelten ein, sogenannten *khaïmas*. Hirtenjungen treiben Schafe und Ziegen über die Weiden. Die Frauen holen Wasser vom Brunnen, das sie in Kanistern auf Eseln transportieren. Mit etwas Glück und Offenheit genießt man eine Einladung zum Tee in einem der ärmlichen Steinhäuser oder

in einem Nomadenzelt. Auf Teppichen am Boden sitzend kann man nur staunen, mit welch beschränkten Mitteln die Nomaden und ihr Vieh überleben. Aber selbst hier lebt man nicht hinter dem Mond: Der winzige Fernseher wird mit einer Autobatterie betrieben.
Die Quellen des längsten Flusses Marokkos, des Oum er-Rbia, liegen etwa 75 Kilometer südlich von Azrou. Die rechte, salzhaltige Quelle sprudelt in einen glasklaren See, in dem sich auch das Wasser des linken Quellflusses sammelt. Entlang des rauschenden Gebirgsbachs mit einem kleinen Wasserfall weiter oberhalb laden einfache, aus Zweigen gebaute Cafés zu einer entspannenden Teepause ein.
Nördlich von Ifrane in Richtung Sefrou lohnt sich eine Fahrt auf dem »Circuit touristique des Lacs«. Eine kleine löchrige Teerstraße führt zu türkisblauen Seen in idyllischer Mittelgebirgslandschaft. In regenarmen Zeiten liegen viele Seen jedoch trocken.
Am von Pappeln gesäumten Dayet Aoua liegt die »Gîte Dayet Aoua« zwischen Apfelplantagen. Während die meisten *gîtes d'étape* nur einfache Matratzenlager für Wanderer bieten, gibt es hier liebevoll dekorierte Doppelzimmer im Berberstil. In der Umgebung sind schöne Wanderungen und Radtouren zu den Seen und in den Wäldern möglich

Zeit für Azrou, Ifrane und das grüne Herz Marokkos

Anreise und beste Reisezeit

Flug: Flughafen in Fès, Flüge von Royal Air Maroc und Ryanair.

Bus: Ständig Busverkehr von Meknès und Fès nach Azrou und Ifrane.

Auto: Etwa 70 Kilometer von Meknès nach Azrou (N13), etwa 80 Kilometer von Fès nach Ifrane (N8). Hauptverbindungsstraßen von Midelt (N13) und Khénifra nach Azrou (N8).

Beste Reisezeit: April bis November, im Winter Frost und zum Teil Schnee.

Unterkunft

Michlifen Ifrane Suites & Spa, Av. Hassan II., Ifrane, Tel. 0535-864000, www.michlifenifrane.com. Das Hotel in schöner Waldlage bietet Luxus pur in perfektem Design zwischen Country Style und Orient: großzügige Suiten (ab ca. 300 Euro), Pool, SPA, beheizter Innenpool, Heliport ...

Hotel Panorama, Azrou, Tel.: 0535-562242, www.hotelpanrama.ma. Das europäisch anmutende Landhaus in ruhiger, schöner Lage oberhalb von Azrou bietet rustikalen Charme mit offenem Kamin und sehr guter Atlasforelle zum Dinner.

Gîte Dayet Aoua, am See Dayet Aoua (zwischen Imouzzer Kandar und Ifrane), Tel.: 0535-604880, www.gite-dayetaoua.com. Hübsche Herberge im Berberstil auf einer Apfelfarm, fünf große Zimmer (30–40 Euro) mit Bad und Kamin, Reit-/Mountainbike- und Wanderausflüge möglich.

3

Sehen und erleben

Wandern, Trekking, Reiten, Mountainbiken, Fischen in den Wäldern, auf den Hügeln und an den Seen des Mittleren Atlas.

Ausflug in den großen Zedernwald (Fôret des Cèdres) mit Makakenaffen.

Quellen des größten Flusses Marokkos Oum er-Rbia.

Skifahren am Djebel Hebri (2104 m) und Djebel Mischliffen (2085 m).

Ziele in der Umgebung

Azigza See, 32 Kilometer östlich von Khénifra inmitten von Eichen- und Zedernwäldern.

Über den Pass Col du Zad (2178 m) nach Midelt, 140 Kilometer südlich von Azrou, einem großen Mineralienfundort. Von dort Geländewagenfahrt in die fantastische Hochgebirgslandschaft am Djebel Ayachi (3737 m).

Information

Délégation du Tourisme, Place du Syndicat (im Zentrum), Tel.: 0535-566821, E-Mail: ifrane@tourisme.gov.ma.

Informationen zu Aktivitäten im Mittleren Atlas: www.tourisme-vert-ifrane.com

1

2

3

4

Stadt eines prunksüchtigen Sultans

Meknès und Volubilis – die Pracht vergangener Zeiten

Im 17. Jahrhundert ließ der Sultan Moulay Ismail von seinen Sklaven Paläste, Stadttore, Mauern, Gärten und Stallungen errichten und machte Meknès zur Hauptstadt seines Reichs. Aus Volubilis, einst blühende römische Stadt und heute UNESCO-Weltkulturerbestätte, raubte er dafür den Marmor.

Meknès zählt zu den vier Königsstädten, findet aber trotz einer Vielzahl historischer Sehenswürdigkeiten – im Schatten von Marrakesch und Fès – bei Touristen eher wenig Beachtung. Auf einer fruchtbaren Hochebene mit ganzjährig mildem Klima gelegen, ist die 600 000-Einwohner-Stadt wichtiges Handwerks- und Landwirtschaftszentrum. Auf den Weingütern der Umgebung werden die landesweit bekannten Rot- und Roséweine Ksar, Guerrouane und Les Trois Domaines gekeltert. Weinliebhaber können hier ihre Weinauswahl direkt vom Gut mit nach Hause nehmen.

Der relative Wohlstand der Region macht sich auch in Meknès bemerkbar. Die Neustadt und ihre jüngeren Bewohner wirken modern und aufgeschlossen. Wie in vielen größeren Städten gehören hier sowohl traditionell gekleidete Frauen in Verschleierung als auch westlich orientierte Mädchen in Markenjeans, mit offenem Haar und Handtäschchen zum Straßenbild.

Ursprung und Name von Meknès gehen auf die Berberstämme der Meknassa zurück, die sich Anfang des 10. Jahrhunderts am Ufer des Flusses Boufekrane ansiedelten, der heute die Stadt in zwei Teile trennt. Ihre Blütezeit erlebte die Stadt unter dem prunksüchtigen und grausamen Alaouiten-Herrscher Moulay Ismail. Er ernannte sie im 17. Jahrhundert zur Hauptstadt, um dort seine Vorstellungen von einem Regierungsviertel in entsprechenden Ausmaßen zu verwirklichen. In der *ville impériale* ließ er von Zigtausenden Sklaven Paläste, Gärten, Moscheen, Stallungen, eine 40 Kilometer lange Stadtmauer und dunkle Verliese für christliche Gefangene errichten. Die Gebäude stattete er zum Teil mit Stuck- und Marmorverkleidungen des El-Badi-Palasts in Marrakesch aus, den er damals weitgehend zerstörte. Aus der römischen Stätte Volubilis raubte er diverse Marmorsäulen. Moulay Ismails Größenwahn zeigte sich aber nicht nur in den Ausmaßen seiner Bauten: Er hatte angeblich 500 Frauen und 800 Söhne – die Mädchen wie üblich nicht

1 Händler auf dem Wollmarkt in der Medina von Meknès. **2** Kalligrafie, Stuck und *zelliges* in der Medersa Bou Inania in Meknès. **3** Privilegiertes Storchennest auf einer Marmorsäule in Volubilis. **4** Im »Palais Didi« wohnt man wie einst Sultan Moulay Ismail.

1 In den Gassen der Medina von Meknès. **2** Das Innere des Mausoleums des exzentrischen Alaouiten-Herrschers Moulay Ismail dürfen auch Nichtmuslime betreten. **3** Stuck und Zedernholzschmuck der aufgegebenen Medersa Bou Inania aus der Regierungszeit der Merinidensultane Abou el Hassan und Abou Inan. **4** Moulay Ismail ließ seine Residenz Meknès zur gewaltigsten Festungsstadt Nordafrikas ausbauen. **5** Nicht zu viel und nicht zu wenig auf Lager: der Wollmarkt.

mitgezählt. Als Zeitgenosse von Ludwig XIV. bat er diesen sogar um die Hand der Prinzessin Anne-Marie de Bourbon – allerdings erfolglos. Nach seinem Tod 1727 wurde Fès die Hauptstadt und Ismails Paläste wurden weitgehend zerstört.

Meknès ist heute dreigeteilt: in die Neustadt (*ville nouvelle*), die Altstadt (Medina) mit den Souk-Vierteln und die Königsstadt (*ville impériale*). Meknès gilt als die meistbefestigte Stadt Marokkos mit drei mächtigen Mauerringen. Die Place el Hedim direkt am Eingang zur Medina und zur *ville impériale* eignet sich am besten als Ausgangspunkt für eine Besichtigungstour. Hier halten die Touristenbusse und Pferdekutschen und warten auf Kundschaft für eine Stadtrundfahrt. Souvenirläden bieten schmiedeeiserne Lampen, die spitzkegeligen Tajine-Töpfe und Keramik zum Verkauf an. In den einfachen

4

5

Restaurants am Rand des Platzes gibt es gute kleine Snacks bei orientalischem Lautsprechergedudel. Auf der Westseite lohnt sich ein Blick in die Markthallen mit fein säuberlich aufgestapelten Obst-, Gemüse-, Oliven- und Gewürzbergen. Abends ist an der Place el Hedim der Teufel los. Dann klingeln Wasserverkäufer mit bunten Hüten mit ihren Schellen und schenken Wasser in Bechern aus. Wunderheiler verkaufen Eier, verdörrte Krallen sowie seltsame Tinkturen und Pülverchen vom Vogelstrauß. Kostümierte Schauspieler führen umgeben von einer Menschentraube ihr Theater auf und Akrobaten laufen auf Stelzen über den Platz.

Direkt an der Place el Hedim liegt der sehr schön ausgestattete ehemalige Wesirspalast Dar Jamai, in dem das sehenswerte Volkskunstmuseum untergebracht ist. Dahinter beginnt die Medina. In einer Gasse gleich hinter dem Palast Dar Jamai verbirgt sich das charmante Gästehaus »Ryad Bahia«. Eigentlich sollten die Besitzer Bouchra und Abdellatif nach ihrer Heirat allein in diesem alten Familienhaus leben, aber weil es für sie zu groß war, gestalteten sie es liebevoll um. Das Haus ist – im Vergleich zu den palastartigen Riads – schlicht, hübsch und sympathisch. Erdfarbene Fliesen zieren den Innenhof mit umlaufendem Balkon im Obergeschoss, einem marokkanischen Restaurant und einer Fernsehecke. Die Dachterrasse strahlt in leuchtendem Rot mit weißen Zinnen. Treppchen führen auf die verschiedenen Ebenen mit Mosaiktischen und Topf-Kakteen in allen Größen. Bouchra mit ihrer ruhigen zurückhaltenden Art kümmert sich persönlich um die Gäste; und da beide Ehepartner früher als offizielle Fremdenführer arbeiteten, zeigen sie Besuchern auf Anfrage gerne ihre Stadt.

Nicht weit vom »Ryad Bahia« erhebt sich Jemaa el Kebir, die große Moschee und Mittelpunkt der Altstadt. Sie hilft als Orientierungspunkt, um wieder aus der Altstadt auf die Place el Kedim zu finden. In den ursprünglichen und vergleichsweise wenig von Touristen besuchten Souks rundum findet man neben Textilien und allerhand Krimskrams und Haushaltswaren auch die typischen, bunt verzierten Teegläschen und silbernen Kannen für den Geschirrschrank zu Hause.

Nahe der Großen Moschee liegt die Hauptattraktion der Altstadt und das wichtigste islamische Monument, die Medersa Bou Inania. Der Merinidensultan Abu el Hassan und sein Sohn erbauten diese religiöse Hochschule ab 1336. Den Innenhof zieren ein Marmorbrunnen in der Mitte, kleinteilige Mosaike, kunstvolle Holzschnitzereien und Stuckdekor mit geometrischen Mustern und Kalligrafien. Das Obergeschoss mit Fenstergittern aus Zedernholz *(Mashrabiyas)* beherbergt die winzigen Wohnzellen der Studenten.

1 Inmitten fruchtbaren Hügellands: die römischen Ruinen von Volubilis. Nach dem 9. Jahrhundert war die römische Garnisonsstadt dem Verfall preisgegeben. **2** Wie in jeder Römerstadt durfte auch in Volubilis ein Triumphbogen nicht fehlen. **3** Die heilige Stadt Moulay Idriss am Fuß des Djebel Zerhoun. **4** Das prächtige Mausoleum von Moulay Ismail, dem zweiten Herrscher der noch heute regierenden Alaouiten-Dynastie.

Ausdauernde Reisende können an den Medinabummel noch die Besichtigung des nördlichen Friedhofs Sidi Ben Aissa mit der Quobba Aissa oder der südöstlichen Mellah, dem ehemaligen Judenviertel, anhängen.

Zurück an der Place el Hedim betritt man durch das gegenüberliegende Bab el Mansour die von Moulay Ismail erbaute *ville impériale*. Das mächtige Stadttor Bab el Mansour aus dem 17. Jahrhundert ist eines der berühmtesten Tore Marokkos und mit herrlichen Keramikfliesen im Rautengeflecht geschmückt. Die Säulen und Kapitelle an den seitlichen kleineren Hufeisenbögen stammen aus der römischen Stadt Volubilis.

Ein Stück weiter in Richtung Südwesten befindet sich die Quobba Khayattine, ein Pavillon, in dem Moulay Ismail einst ausländische Botschafter empfing. In einem riesigen unterirdischen Gefängnis (Besichtigung möglich) hielt er Tausende Christen, marokkanische Aufwiegler und Straftäter sowie Piraten gefangen. Einige der Gefangenen wurden auch als Sklaven verkauft oder mussten beim Bau von Moulay Ismails Prunkbauten schuften. Der Herrscher begann schon zu Lebzeiten mit dem Bau seines prunkvollen, mit Marmor und Geschenken Ludwigs XIV. ausgestatteten Mausoleums mit Grabmoschee. Es kann täglich außer freitags besichtigt werden – am besten nimmt man sich einen der deutschsprachigen Führer.

Wer nach dem Sightseeing eine Pause nötig hat, kehrt direkt um die Ecke ins „Restaurant Salma“ ein. Auf der Dachterrasse mit Aussicht oder im marokkanischen Salon mit Stuck und Mosaiken wird köstliche Tajine serviert.

Hinter dem Mausoleum versteckt sich das »Palais Didi«, ein Gästehaus in einem Palast des 17. Jahrhunderts. Den sonnigen Hof mit Springbrunnen umschließt ein Arkadengang mit großen orientalischen Lampen. Die luxuriösen, individuell gestalteten Suiten erstrahlen in Rot, Blau, Grün oder Weiß, mit riesigem Jacuzzi, bemalten Zedernholzarbeiten, einer Sitzecke sowie TV und Klimaanlage. Die hübschen, aber etwas dunklen, auf der Dachterrasse angebauten

Zimmer sind kein Originalbestandteil des Palasts. Im »Palais Didi« lässt es sich wohnen wie einst die Sultane, deren Porträts in der Eingangsgalerie an der Wand hängen.

Wer nach der Besichtigung der *ville impériale* noch Puste hat, der gelangt durch das Bab er Rih und entlang der wuchtigen Mauern, hinter denen sich der königliche Golfplatz sowie (für die Außenwelt verschlossen) der Königspalast verbergen, auf einem längeren Marsch zum Dar el Ma (Haus des Wassers). Hier liegen die Ruinen des gigantischen Getreidespeichers Heri es Souani und der ehemaligen Pferdeställe von Moulay Ismail. In den Ställen fanden 12 000 Pferde Platz, die über einen Kanal getränkt wurden. Das 4 Hektar große Wasserbecken hinter dem Speicher diente nicht nur zur Bewässerung der Sultansgärten, sondern angeblich auch als Bade- und Vergnügungsstätte für Moulay Ismails Konkubinen.

In nur einer halben Stunde Fahrt von Meknès in Richtung Norden durch sanfte Hügellandschaft mit weißen Dörfern zwischen Getreide- und Maisfeldern, Agaven und Opuntien erreicht man eine sehenswerte UNESCO-Weltkulturerbestätte. Volubilis zählt zu den schönsten und besterhaltenen römischen Städten in Nordafrika.

Die Garnisonsstadt der römischen Provinz Mauretania Tingitana wurde etwa im 1. Jahrhundert v. Chr. an einem Siedlungsplatz der Karthager gegründet. Zu ihrer Blütezeit unter Septimius Severus im 3. Jahrhundert zählte Volubilis bis zu 20 000 Einwohner. Es exportierte Getreide- und Olivenöl in die Hauptstadt Rom sowie Leoparden, die man im Kolosseum in Rom zur Schau stellte. Außerdem hielt Meknès Kontakte zu den Auraba-Berbern, die sich jedoch nie von den Besatzern beherrschen ließen. Mehr noch: Nach dem Rückzug der Römer im 3. Jahrhundert n. Chr. besiedelten die Berber die Stadt. Zerstörungen richteten Moulay Ismail mit dem Raub von Baumaterial sowie das ungeheure Erdbeben von 1755 an. Seit einigen Jahren ist mit Hilfe von ausländischen Investoren ein modernes Museum im Bau, das über die Geschichte des Ortes informiert und den wertvollen Marmorstatuen und Mosaiken einen geschützten Raum bieten soll.

Zu den beeindruckendsten erhaltenen Bauwerken zählen das Forum, die Basilika mit ihren Bogenarkaden und der Caracalla-Triumphbogen. Die hohen Säulen des Forums mit korinthischen Kapitellen, auf denen Störche ihre Nester bauen, wurden zum Teil mit Backsteineinlagen restauriert. Vom Tanger-Tor im Nordosten bietet sich ein besonders schöner Blick auf die Ruinen zwischen den grünen Hügeln des Mittleren Atlas.

1–**4** Zu Gast im »Ryad Bahia«, einem alten Familienhaus mitten in Meknès. **5** Innenhof des »Palais Didi«.

Größte Attraktion der Ruinenstätte sind die exquisiten Bodenmosaike der herrschaftlichen Villen, vor allem im Haus des Desultor, im Haus des Reiters und im Haus des Dionysus. Etwas Wasser auf den Mosaiken bewirkt ein kleines Wunder: Wie von Zauberhand erstrahlen die ergrauten Farben jedes Steins und die einzelnen Motive werden deutlicher sichtbar. Auch die städtische Infrastruktur ist noch gut erkennbar: gepflasterte Hauptachsen mit tiefen Kerben der Pferdekarren, Thermen mit Badebecken und Latrinen, Wasserleitungen und Olivenölmühlen. Stundenlang könnte man durch das verwilderte Gelände mit seinen Gemäuern, Säulen und Mosaiken wandeln und immer wieder Neues entdecken. Ein besonderes Spektakel bietet sich im Abendlicht: Die letzten Sonnenstrahlen fallen genau durch den Triumphbogen und tauchen die römische Hauptstraße Decumanus Maximus in gleißendes Licht. Genau gegenüber erstrahlt das Häusermeer von Moulay Idriss an den grünen Hängen des Djebel Zerhoun (1118 m) in leuchtendem Weiß.

Zeit für Meknès und Volubilis

Anreise und beste Reisezeit

Flug: Flughafen in Fès, Flüge von Royal Air Maroc und Ryanair.

Zug: Bahnhof an der Av. de la Gare und im Zentrum. Täglich Züge von Oujda, Fès, Tanger, Rabat, Casablanca, Marrakesch.

Bus: Ständig Busse in alle Richtungen, Grand Taxis von Moulay Idriss oder Meknès nach Volubilis.

Auto: Autobahn von Fès (etwa 70 km) und Rabat (etwa 150 km) nach Meknès.

Beste Reisezeit: Ganzjährig.

Unterkunft

Ryad Bahia, Derb Sekkaya, Tiberbarine, Medina, Meknès, Tel.: 0535-554541 oder 0662-082864, www.ryad-bahia.com. Gemütliches Gästehaus mitten in der Medina, tolle Dachterrasse auf mehreren Ebenen. Zimmer 65 Euro, Mini-Suite 90 Euro.

Palais Didi, 7, Dar El Kbira (nahe Mausoleum Moulay Ismail), Medina, Meknès, Tel.: 0535-558590, www.palaisdidi.com. Acht komfortable Zimmer und Suiten (75–150 Euro) in einem Palast aus dem 17. Jahrhundert.

5

Volubilis Inn, 700 Meter von den Ruinen entfernt an der N13 Richtung Norden, Tel.: 0535-544405, www.hotelvolubilisinn.com. Von den klimatisierten Zimmern (DZ 110 Euro) des 4-Sterne-Hotels mit schönem Pool hat man Ausblick auf die Ruinen.

Sehen und erleben

Auf den Spuren der Römer: Mosaike, Basilika, Thermen und Triumphbogen von Volubilis.

Religiöses Fest (Moussem) marokkanischer Pilger: Ende August bei Moulay Idriss.

Verkostung marokkanischer Weine: auf dem Weingut Château Roslane der Kellerei Les Celliers de Meknès (11, Rue Ibn Khaldoun, Voranmeldung unter Tel. 0535-504693, www.lescelliersdemeknes.net).

Ziele in der Umgebung

Berge, Steineichen- und Zedernwälder des Mittleren Atlas.

Fès, Azrou und Ifrane.

Information

Office National Marocain de Tourisme, 27, Place Administrative, Tel.: 0535-524426, E-Mail: meknes@tourisme.gov.ma

Offizielle Webseite: www.visitmeknes.ma

Moulay Idriss, nur 2,5 Kilometer von Volubilis entfernt, ist die älteste Stadt und eine der wichtigsten Pilgerstätten Marokkos. Idris Ben Abdallah (Moulay Idris I.) war Gründer des ersten islamischen Reichs in Marokko und flüchtete im 8. Jahrhundert vor dem Abassidenherrscher Harun el Rashid – der ihn später vergiften ließ – erst nach Volubilis und dann an diesen Ort. Drei Pilgerfahrten zum Heiligtum der Stadt mit dem Grabmal von Moulay Idriss dienen vielen gläubigen Marokkanern als Ersatz für eine – für die meisten kaum finanzierbare – Hadj nach Mekka. Die Grabmoschee im unteren Teil der Stadt bedecken wie alle marokkanische Heiligtümer grün glasierte Dachziegeln. Der heilige Bezirk beginnt am Platz des Grünen Marschs mit Cafés, Läden und Verkaufsständen für Devotionalien unter den weißen Arkadengängen. Vor der heiligen Stätte mit Koranschule, dem Grabmal, der Moschee und den Pilgerräumen beginnt der Sperrbezirk für Nichtgläubige. Und so kann man nur einen flüchtigen Blick durch das Portal ins Innere werfen.

Von der Jemaa-Sidi-n-Tizi-Moschee mit dem einzigen zylindrischen Minarett des Landes bietet sich zum Abschluss des Besuchs ein fantastischer Blick auf die fruchtbare Umgebung, die schon die Römer für sich zu nutzen wussten.

Frühlingsidyll mit den schneebedeckten Gipfeln des Hohen Atlas.

Zentrales Gebirge – der Hohe Atlas

1

2

3

Die Düfte des Orients

Märchenhaftes Marrakesch – die Perle des Südens

Die zweitälteste Königsstadt pflegt ihr Image als märchenhafte Welt wie aus 1001 Nacht. Marrakesch verbindet orientalisches Flair mit modernem Komfort. Am Rand der schneebedeckten Viertausender des Hohen Atlas bietet die Stadt Urlaubsfreuden für Kulturinteressierte und Erholungsuchende.

Rosa Wölkchen schweben über dem Platz Djemaa el-Fna und die Häuser der »Roten Stadt« beginnen in der untergehenden Sonne zu leuchten. Das mächtige Minarett der Kutubiya erstrahlt in festlicher Beleuchtung und thront erhaben über dem zentralen Platz der Medina. Eine Sirene heult auf und die Rufe der Muezzins von den umliegenden Moscheen vereinen sich zu einem monotonen Singsang: *»Allah-u-akbar! Allah-u-akbar!«* Die Schausteller am Platz machen Feierabend und die fahrbaren Garbuden aus grünem Schmiedeeisen heizen ihren Grill an: Bei Mustapha gibt es Hähnchenspieße mit frischen Salaten, Mohamed schöpft die Fastensuppe *harira* aus einem großen Topf, bei Hassan liegen schwarze Schafsköpfe in der Auslage. Es ist Ramadan und sobald der Muezzin zum *ftour* ruft – zur ersten Mahlzeit nach dem Fasten während des Tages – , füllen sich augenblicklich die kleinen Holzbänke vor den Buden mit hungrigem Publikum.
Je länger das vierwöchige Fasten von Neumond zu Neumond im neunten Monat des muslimischen Kalenders schon andauert, umso träger werden die Menschen – die Hitze tut ihr Übriges dazu. Bei einer Taxifahrt am frühen Nachmittag jammert eine Frau: »Wann ist der Ramadan endlich vorbei?! Seit drei Wochen stehe ich den ganzen Tag in der Küche und koche für die Familie.« Beim Aussteigen vergisst sie zu bezahlen. Der Taxifahrer lächelt: »So ist es im Ramadan, man ist müde und kann nicht mehr denken.« Kurz vor Sonnenuntergang ist die Hektik in den Gassen und am Platz am größten, denn dann müssen schnell noch alle Einkäufe für das nächtliche Festmahl erledigt werden – im Ramadan wird so üppig gegessen wie sonst nie.
Die sternförmig aus allen Richtungen in den Djemaa el-Fna mündenden Gassen der Medina sind immer voller Leben: zipfelmützige alte Marrakchis, wie die Bewohner Marrakeschs genannt werden,

1 In den Gassen der Medina. **2** Im Jardin Majorelle, dem Garten von Yves Saint-Laurent. **3** Darf es ein *thé à la menthe* sein? **4** Die Djemaa el-Fna wird nachts zum Hexenkessel, über den die Düfte von gegarten oder gegrillten Fischen, Schafsköpfen und Schnecken, Hühnchen- und Hammelfleischspießen, den *merguez*, ziehen.

Frauen mit schwarzem Schleier über Mund und Nase sowie offenherzige Touristinnen und mit Fotoapparaten behängte Traveller. Die Anziehungskraft Marrakeschs auf internationale Besucher wächst ständig, vor allem seit Billigfluggesellschaften aus ganz Europa die Stadt direkt anfliegen. Für die großen historischen Sehenswürdigkeiten sollte man sich jedenfalls früh anstellen, bevor ganze Busladungen von Reisenden sich gegenseitig auf die Füße treten.

Marrakesch ist in – und das nicht erst seit gestern. Das ganzjährig angenehme Klima mit einem kühlen abendlichen Wind im Sommer und noch ca. 24 Grad Celsius im Winter, die fantastische Lage nördlich der im Frühjahr schneebedeckten Gipfel des Hohen Atlas, die Offenheit der Menschen, die niedrigen Lebenshaltungskosten, verbunden mit guter Infrastruktur in einer orientalischen Welt, lockten schon in den 1950er- und 1960er-Jahren amerikanische Schriftsteller, den internationalen Jetset und Angehörige der Hippiegeneration nach Marrakesch. Elias Canettis bezaubernde Beschreibung des Alltagslebens in »Stimmen von Marrakesch« aus dem Jahr 1968 zählt zur Weltliteratur.

Angestoßen durch Berichte über die Medina in den europäischen Medien entwickelte sich ab den 1990er-Jahren ein internationaler

3

1 Geschnitzte und bemalte Zedernholzdecke im Palais de la Bahia, das sich ein Großwesir im 19. Jahrhundert erbauen ließ. Hier gewinnt man Einblick in das feudale Leben hinter schlichten Mauern. **2** Wohlfühl-Innenhof im Kunsthandwerkmuseum Dar Sidi Said. **3** Die Stadtmauer der ockerroten Stadt. **4** Wohl schönste Sehenswürdigkeit in Marrakesch: die Saadier-Gräber. **5** Moschee-Eingang beim Djemaa el-Fna.

Immobilienmarkt für Wohnhäuser in der Altstadt. Heute besitzen nicht mehr nur Reiche und Künstler ein Stadthaus in der eine Millionen Einwohner umfassenden Stadt. Inzwischen gestalteten wohl mehr als 1000 ausländische Eigentümer Häuser, Häuserzeilen und ganze Sackgassen nach ihren Vorstellungen vom Orient in private Wohnhäuser oder Gästehäuser um. Entsprechend präsentiert sich die Altstadt heute: ordentlich gepflasterte und gesäuberte Gassen mit funktionierender Stromversorgung und Kanalisation, an jeder Ecke Läden mit Waren für den europäischen oder touristischen Bedarf.

Nähert man sich Marrakesch aus dem Süden, nach einer kurvigen Fahrt über die Pässe des Hohen Atlas oder nach ein paar staubigen Trekkingtagen, so präsentiert es sich als blühender Park mit Palmen, Rosen, Oleander, Bougainvilleen und plätschernden Springbrunnen.

An blitzsauberen Einfahrtsstraßen entstehen Neubauviertel mit noblen Eigentumswohnungen – Marrakesch boomt.
Vorbei an den Menara-Gärten mit ihren Obst- und Olivenplantagen und dem grün geziegelten Pavillon von Sultan Abd er Rahman vor einem großen Bewässerungsbecken, gelangt man in das Viertel Hivernage westlich der Altstadt. Hier reiht sich ein Luxushotel mit exotischem Garten und Poollandschaft an das nächste. Weiter nördlich schließt sich Guéliz an, die unter den Franzosen errichtete Neustadt. Entlang der Hauptverkehrsader Avenue Mohamed V. gibt es Banken, Straßencafés und Eisdielen, internationale Restaurants, Boutiquen, Autovermietungen, Reisebüros und Immobilienagenturen. Natürlich fehlt auch McDonald's nicht – dort hängt das obligatorische Porträt des jungen Königs neben der Statue von Ronald McDonald.
In der Neustadt überwiegt das moderne Leben, die Männer tragen dunkle Hose und Hemd, die Frauen offenes Haar, Markensonnenbrille und Jeans. Am südöstlichen Ende der Avenue Mohamed V. thront schließlich die Kutubiya-Moschee. Das von goldenen Kugeln gekrönte, 77 Meter hohe Minarett ist das Wahrzeichen von Marrakesch. Schon von Weitem sichtbar dient es als Orientierungsmarke, um zum Djemaa el-Fna zu finden oder wieder aus der

1 Wahrzeichen Marrakeschs aus dem 12. Jahrhundert: Das Minarett der Kutubiya-Moschee überragt die Dächer der Medina. **2** Alles, was der Magen begehrt, gibt es auf dem Djemaa el-Fna: Datteln, Nüsse, getrocknete Feigen und Aprikosen. **3** Marrakeschs Frauen entscheiden zwischen Moderne und Tradition: Nicht alle tragen das Kopftuch. **4** Eingang zur ehemaligen Koranschule Medersa Ben Youssef.

Medina herauszukommen. Das unter den Almohaden im 12. Jahrhundert errichtete Minarett gilt neben dem Hassanturm in Rabat und der Giralda in Sevilla als architektonisches Vorbild für marokkanische Moscheen. Die Almohaden eroberten 1147 Marrakesch und zerstörten nahezu alle Bauwerke der Stadtgründer, der Almoraviden, von denen heute nur noch die 9 Kilometer lange Stadtmauer erhalten ist. Unter Abu Yussuf Yacub al Mansour (1184–1199) erblühte Marrakesch zur Kulturstadt. Neben der Kutubiya-Moschee ließ er die heute noch erhaltenen Stadttore und die Kasbah errichten.

Von der Kutubiya-Moschee sind es nur noch ein paar Schritte vorbei am Pferdekutschen-Parkplatz bis zum Djemaa el-Fna. Der »Platz der Geköpften«, auf dem früher angeblich die Köpfe der Hingerichteten aufgestellt wurden, ist zweifellos die größte Attraktion Marrakeschs. Am Nachmittag kann man hier die Schlangenbeschwörer, Artisten und Gnaoua-Musiker beobachten. Um die Märchenerzähler und als Frauen verkleidete Schauspieler drängt sich vor allem einheimisches Publikum, das sich köstlich über die Darbietungen amüsiert. Wunderheiler verkaufen Essenzen vom Vogel Strauß und getrocknete Chamäleons und auf einem niedrigen Tischchen bietet ein weißbärtiger Mann Zahnprothesen in allen Weißschattierungen und Größen an. Junge Frauen bemalen Hände und Füße mit Henna und Wasserverkäufer mit ihren großen Hüten, goldenen Schellen und Bechern posieren als Fotomotiv. Von einem der umliegenden Terrassencafés genießt man den schönsten Blick auf das Treiben.

Wer einmal leben will wie einst der prunksüchtige Pascha Thami al Glaoui im 19. Jahrhundert, der quartiert sich im »La Mamounia Palace« am Westrand der Medina ein – nur wenige Gehminuten von Djemaa el Fna und Kutubiya entfernt. Das legendäre, nach dreijähriger Renovierungsphase wiedereröffnete Hotel galt als einer der Lieblingsplätze von Winston Churchill und auch heute logiert hier regelmäßig internationale Prominenz aus Politik, Gesellschaft und Hollywood. Selbst als Prinz oder Prinzessin könnte man wohl nicht prunkvoller wohnen als in den mit Stuck und Mo-

saiken verzierten Suiten im maurischen Stil. Dazu gehört natürlich modernes Hightech mit Flachbildfernsehern, WIFI, Soundsystem etc. Vom Balkon überblickt man die 7 Hektar großen Mamounia-Gärten mit Palmen und dem Hohen Atlas in der Ferne. Richtig verwöhnt wird man nicht nur vom Zimmerservice und den Sterneköchen in den Restaurants, sondern auch in dem riesigen SPA-Bereich, in dem man sich endgültig wie in einen Palast aus 1001 Nacht versetzt fühlt. Wer sich keine eigene Suite leisten kann und dennoch etwas Glamour schnuppern möchte, nimmt im Hotel oder auf einer der Terrassen einen Drink ein – angemessene Kleidung vorausgesetzt.

Der Djemaa el-Fna trennt die Medina in einen nördlichen und einen südlichen Teil. Über eine der größeren Gassen am Nordende des Platzes gelangt man in die Souks der nördlichen Medina. Auch wenn die Orientierung in der Medina von Marrakesch vergleichsweise leichtfällt, so gehört ein bisschen Umherirren auch hier dazu. An der Place Rahba Kedima gibt es geflochtene Körbe sowie alle Arten von Gewürzen, Kräutern, Wunderheilmitteln und natürlichen Kosmetika zu kaufen.

Von dort geht es weiter zum Souk des Babouches mit Buden voller bunter Babuschen, zum Souk Cherratine mit Ledertaschen, -ruck-

2

1 und **3** Das Gassenlabyrinth der Souks beginnt hinter dem Djemaa el-Fna, dem »Platz der Geköpften«. Hier spießte man früher die Häupter der Hingerichteten auf Stangen auf und stellte sie zur Schau. **2** Gnaoua-Musiker bringen tänzerisch und musikalisch das Flair Schwarzafrikas auf den »Platz der Plätze«.

säcken und -börsen, zum Souk Haddadine mit dem infernalischen Gehämmer und Geschweiße der Eisenschmiede und schließlich dem Souk aux Teintures mit zum Trocknen aufgehängten, gefärbten Wollbündeln. Dazwischen liegen kleine Lebensmittelläden, Rundbögeneingänge zu Moscheen und Hamams, drängeln sich Händler mit ihren handgeschobenen Karren, auf denen frisches Obst und getrocknete Datteln gestapelt sind.

In einer Sackgasse abseits der Derb Moulay Abdelkader in der nördlichen Medina verbirgt sich eine wahre Schatzkammer hinter den rosa Mauern: »Riad Enija«. Das Gästehaus ohne Türschild besteht aus drei palastartigen Häusern mit Stuck, Zedernholzschnitzereien und Mosaiken. Der ganze Komplex scheint einer Designerzeitschrift zu entspringen: Marokkanische Elemente kontrastieren mit knalligen Wohnaccessoires, der Duft von Räucher-

1–6 Nur ein paar Schritte vom Djemaa el-Fna entfernt liegt der fast 300 Jahre alte Stadtpalast eines Seidenhändlers, das Gästehaus »Riad Enija«. Die Decken aus geschnitztem Zedernholz, die Mosaikböden und Stuckarbeiten wurden prächtig restauriert, das Innendesign der Suiten mit Namen wie »Löwensuite«, »Haremsuite« und »Chamäleonsuite« setzt fantasievolle Effekte und entführt in eine ganz eigene Zauberwelt.

stäbchen und Kerzen hängt in der Luft, die Springbrunnen plätschern, an der Wand hängen moderne Gemälde mit marokkanischen Motiven. Ein hohes Gewölbe beherbergt das Restaurant. Im größten Patio wuchert ein wahrer Urwald aus Palmen, Orangenbäumen und Kakteen.

Vom »Riad Enija« ist es nicht weit zur Hauptattraktion der nördlichen Medina, der Medersa Ben Youssef neben dem sehenswerten Musée de Marrakech. Die Lehrstätte für islamische Theologie entstand im 14. Jahrhundert unter den Meriniden und wurde später von den Saadiern ausgebaut. Der Innenhof mit einem großen Brunnenbecken präsentiert sich in vollendeter maurisch-andalusischer Architektur. Die Wände sind flächendeckend verziert: im unteren Bereich mit filigranen Mosaiken, es folgt ein kalligrafisches Band, der mittlere Teil ist mit Stuckornamenten bedeckt,

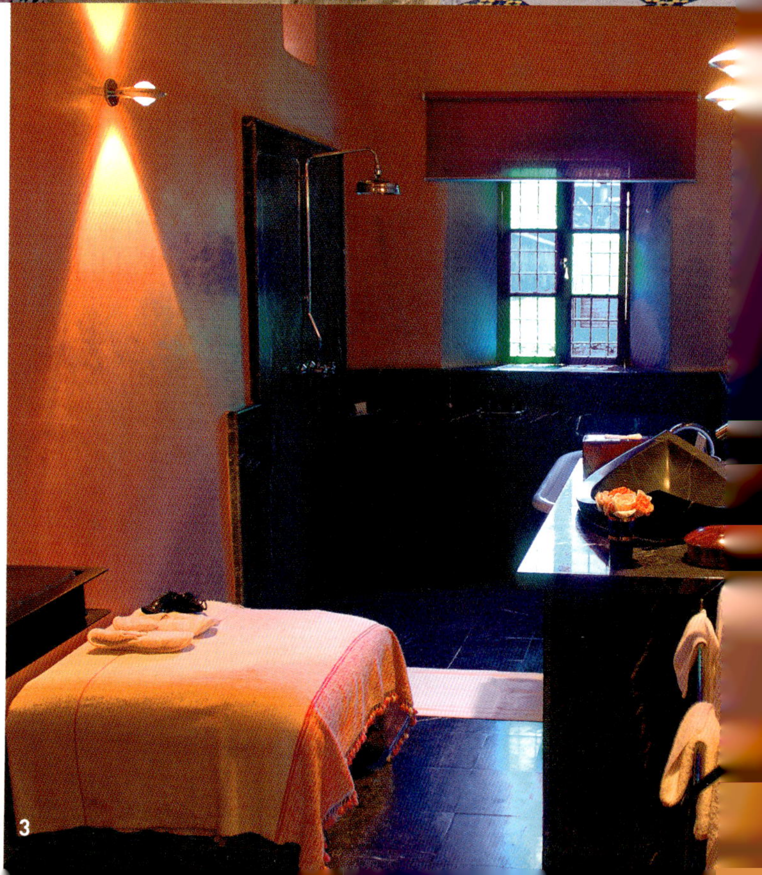

5

6

1 und 5 Der farbenfrohe Innenhof des familiären Gästehauses »Bordj Dar Lamane«, einem renovierten Stadtpalast mit gemütlicher Dachterrasse. 2 bis 4 Wohnen, genießen und entspannen wie in einem Märchen aus 1001 Nacht: Das »La Mamounia Palace« ist eines der bekanntesten, schönsten und luxuriösesten Hotels des Landes. 6 Grüne Oase Jardin Majorelle. 7 Die Churchill-Suite im »La Mamounia Palace« erinnert an den bekannten Sir Winston, der hier gerne residierte.

den Abschluss bildet kunstvoll geschnitztes Zedernholz. Im Obergeschoss befinden sich die Wohnzellen der Studenten mit Fensterchen zum Hof.

Nur wenig östlich des Djemaa el-Fna, zwischen südlicher und nördlicher Medina, bietet sich noch eine weitere exzellente Unterkunftsmöglichkeit. »Riad Noga« verzaubert den Besucher mit Licht, Grün und Eleganz der beiden Hofhäuser. Blühende Rosen, Bougainvilleen, Hibiskus, Jasmin und das Plätschern des Springbrunnens verwandeln »Riad Noga« in eine Oase der Ruhe im Trubel der Altstadt. Die herumkriechenden Schildkröten und Graupapagei Kleini – der alle von Köchin und Hausfee Fatima vorgesungenen Melodien imitiert – gehören zum Inventar. Im einem der beiden Innenhöfe bietet sogar ein kleiner Pool Erfrischung – in Riads eher eine Seltenheit. Auf der

5

6

4

7

1 und **3** Ein komplett renovierter und originell umgestalteter Stadtpalast mitten in der Medina von Marrakesch ist der »Riad Noga«. **2** Die »Villa Dar Zina« verbindet modernen Komfort mit dem nostalgischen Ambiente eines Riads und liegt inmitten einer Parklandschaft.

Dachterrasse lässt es sich mit einem Glas Wein und Blick über die Medina mit dem beleuchteten Kutubiya-Minarett ganz wunderbar aushalten.

Zurück zum Djemaa el-Fna: Dort führt die Gasse Riad Zitoun Djedid zu den Sehenswürdigkeiten der südlichen Medina. Nach den Portalen zum Volkskunstmuseum Dar Sidi Said und dem Museum Bert Flint folgt der sehenswerte Wesirspalast El Bahia. Bei einem Spaziergang durch die Gemächer und Höfe gewinnt man einen Eindruck vom Prunk orientalischer Fürstenhäuser an der Wende zum 20. Jahrhundert. Nur wenige Gehminuten entfernt befindet sich der Eingang zu dem großen Gelände des einst prächtigen El-Badi-Palasts, dessen Ausstattung im 17. Jahrhundert weitgehend zerstört wurde. Auf seinen mächtigen Mauern thronen zahlreiche Storchennester, deren Bewohner fröhlich und laut mit den Schnäbeln klappern.

Westlich davon schließt das ummauerte Kasbah-Viertel an. Das mit Ornamenten und Rundbögen verzierte Bab Agnaou bietet Einlass in den ehemaligen Palastbezirk der Almohaden – es ist das schönste Stadttor Marrakeschs. Eine breite Straße führt zur Kasbah-Moschee und zum etwas versteckt daneben liegenden Eingang der Saadier-Gräber. Die prunkvoll mit Stuck, Marmor und Mosaiken ausgestattete Nekropole aus drei Räumen und Innenhof wurde vom Sultan al Mansour Ende des 16. Jahrhunderts errichtet und erst 1917 von den Franzosen wiederentdeckt. Denn der selbstherrliche Moulay Ismail ließ die Grabstätte der Sultansfamilien der vorhergehenden Dynastie im 19. Jahrhundert zumauern, sodass sie in Vergessenheit geriet. Um nicht mit Busladungen an Touristen Schlange stehen zu müssen, sollte man sich die Besichtigung der Saadier-Gräber möglichst schon um 9 Uhr morgens vornehmen.

Wer nach all dem Kulturprogramm, dem Mopedgeknatter und Treiben in den Gassen schließlich noch etwas Ruhe nötig hat, der nimmt sich ein Taxi oder eine Kutsche zum schönsten Garten der Stadt, dem Jardin Majorelle des verstorbenen Modeschöpfers Yves Saint-Laurent. Zwischen Bambushainen, Palmen, pink blühenden Bougainvilleen, meterhohen Kakteen und Schildkrötenteichen lässt sich so richtig tief durchatmen.

Zeit für Marrakesch

Anreise und beste Reisezeit

Flug: Direktflüge mit Easy Jet von Genf und Basel-Mühlhausen-Freiburg, mit Edelweiss Air von Zürich, mit TUI Fly von Amsterdam und Basel, mit Ryan Air von Frankfurt-Hahn und Brüssel, mit Royal Air Maroc von München, mit Transavia von Amsterdam.

Zug: Bahnhof an der Av. Hassan II., ständig Züge nach Casablanca, Rabat, Tanger und Fès.

Bus: Busbahnhof nahe Bab Doukkala am Westrand der Medina. Täglich Busse nach Casablanca, Essaouira, Agadir, Ouarzazate, Fès etc.

Auto: Aus dem Süden über die Pässe des Hohen Atlas, von Taroudannt über den Tizi-n-Test (R203), von Ouarzazate über den Tizi-n-Tichka (N9). Von Casablanca auf der Autobahn (etwa 200 Kilometer), von Essaouira etwa 170 Kilometer gute Teerstraße (R207).

Unterkunft

Bordj Dar Lamane, 11, Derb El Koudian, Ben Salah (bei der gleichnamigen Moschee), nördliche Medina, Tel. 0524-378541, in Deutschland: Tel. 07663-949455, www.marokko-aktiv-reisen.com. Dieser farbenfrohe Dar mit sieben komfortablen Zimmern/Suiten im traditionellen Stil und schöner Dachterrasse steht unter deutsch-marokkanischer Leitung.

La Mamounia Palace, Av. Bab Djedid (zwischen Stadtmauer und Kutubiya), Tel. 0524-388600. www.mamounia.com. Glamour, Prominenz und orientalischer High-End-Luxus sind in diesem legendären Luxushotel mit traumhaften Park eine Selbstverständlichkeit. Suite mit Balkon zum Garten ab 600 Euro.

Riad Noga, 78, Derb Jdid, Douar Graoua, Medina, Tel.: 0524-377670 oder 385846, www.riadnoga.com. Eine grüne Oase mit Orangenbäumen, Springbrunnen und Vogelgezwitscher mitten in der Medina! Zimmer 145–235 Euro (je nach Saison).

Riad Enija, 9, Derb Mesfioui, Rahba Lakdima, Medina, Tel.: 0524-440926 oder 440014, www.riadenija.com. Perfektes Design in einem Komplex aus drei miteinander verbundenen Stadtpalästen mit Hofgärten. Zimmer/Suite ab ca. 270 Euro.

Sehen und erleben

Kutschfahrt: Haltepunkt zwischen Kutubiya und Djemaa el-Fna, ca. 20 Euro/1 Std.

Einkaufen: orientalische Wohneinrichtung und -accessoires, der erstgenannte Preis in den Souks kann auf etwa ein Drittel heruntergehandelt werden.

Museen/Monumente: Medersa Ben Youssef, Bahia und El-Badi-Palast, Saadier-Gräber etc., geöffnet täglich 9–17 Uhr.

Besuch eines traditionellen Hamams: z.B. Hamam Ziani, 14, Riad Zitoun Djedid (nahe Bahia-Palast) oder Isis Spa, 12, Derb Jdid, Medina, www.riad-isis.com.

Information

Office National Marocain du Tourisme, Place Abdelmoumen, Guéliz, Tel.: 0524-436131/39.

Offizielle Webseite: www.marrakech.travel/de

1

2

3

4

Erfrischend grün und kühlend nass

Cascades d'Ouzoud – Marokkos höchster Wasserfall

Mächtige Wassermassen stürzen sich in Ouzoud über mehrere Stufen roten Jurakalks nach unten. Die höchsten und schönsten Wasserfälle des Landes sind von Marrakesch aus in einem Tagesausflug erreichbar.

Ein Regenbogen spannt sich über die Kaskaden, die von einem Steilabbruch über 110 Meter nach unten fallen. Köstlich kalt sind die aufsteigende Kühle des verdunstenden Wassers und die Gischtspritzer in der Mittagshitze, steigt man über unzählige Betonstufen an den Fuß der Fälle. Unten planschen ausgelassene Jugendliche und rufen »Ça va, Madame?« herüber. So viel Frische nach der langen, heißen Fahrt hatten wir nicht erwartet.

Wir sind mit dem Auto von Marrakesch gekommen: 200 Kilometer auf einer stellenweise ausgefransten Teerstraße durch Olivenhaine und Getreidefelder. Anfangs ist die Landschaft eintönig, doch dann wird sie immer hügeliger, mit Ausblicken auf die verschneiten Gipfel des Hohen Atlas. Einfache rechteckige Berbergehöfte aus roter Erde mit flachem Dach liegen zwischen den Feldern und Wiesen. Am Straßenrand blühen im Frühjahr der Klatschmohn und andere Blumen. In Ouzoud angekommen, parken wir auf einem Platz mit einfachen Restaurants. Vorbei an zwei kleinen Hotels und Ständen mit Schmortöpfen auf Holzkohlestövchen und Souvenirs führt eine Betontreppe nach unten. Hier ist es wunderschön grün mit Feigenbäumen, Oleander, Oliven und Kakteen. Schon nach ein paar Kehren öffnet sich der Blick auf die Cascades d'Ouzoud, die Ouzoud-Wasserfälle. Die rote Steilwand wirkt porös und bröselig, im Umkreis des Wassers ist sie mit grünen Algen bedeckt. Die Blätter der Büsche und Bäume sind von der Erde zum Teil rot gefärbt. An den Steilhängen hat die Erosion tropfsteinartige Formationen und Grotten ausgewaschen, in denen Fledermäuse hausen. Das Wasser fällt in mehreren weißen Strömen über zwei Stufen nach unten. Nur nach langen Trockenperioden kann es vorkommen, dass lediglich Rinnsale zu sehen sind. Unten, am Fuß der Fälle, ist das Baden offiziell verboten, aber die Einheimischen kümmert das nicht. Eine kleine Eisenbrücke führt auf die andere Seite des Flusses. Von der Mitte der Brücke bietet sich noch einmal ein toller Blick nach oben. Aus Tonnen zusammengeschusterte Boote mit Sitzbänken und Plastikblumenverzierung warten auf Kundschaft,

1 Die Berber der Region leben noch überwiegend von der Landwirtschaft. **2** Das »Riad Cascades d'Ouzoud«. **3** Hungriger Storchennachwuchs. **4** Die Ouzoud-Fälle stürzen aus einer Höhe von 120 Metern in die Tiefe und gelten als die höchsten Wasserfälle Nordafrikas.

mit der sie über die Stromschnellen den Fluss hinunterfahren. Dafür erscheint uns die Konstruktion aber nicht vertrauenserweckend genug. Wir ziehen es vor, über die Stufen etwa zehn Minuten wieder aufzusteigen – was sich in der Hitze als relativ schweißtreibend erweist.

Wer in der schönen, ländlichen Umgebung etwas mehr Zeit verbringen will, hat in Ouzoud die Wahl zwischen einfachen, meist sauberen Hotels, zwei Campingplätzen und – für etwas Anspruchsvollere – dem »Riad Cascades d'Ouzoud«. Das Gästehaus ist weder besonders luxuriös noch besonders groß, aber es bietet rustikalen Charme mit Komfort. Den kleinen, zum Himmel offenen Innenhof ziert ein Orangenbaum in der Mitte – damit hat sich das Gästehaus die Bezeichnung »Riad« (arabisch Garten) verdient. An den hölzernen Dachbalken nisten Schwalben. Das vom französischen Besitzer renovierte Lehmhaus ist simpel und hübsch im Berberstil gestaltet: rote Lehmwände, bemalte Holztüren, Deckenbalken aus Eukalyptusholz, Teppiche, schmiedeeiserne Gitter an den Fenstern und ein im ersten Stock um den Hof laufender Balkon. Im Obergeschoss und auf der Dachterrasse befinden sich die im Sommer angenehm kühlen, originellen Zimmer; für den Winter gibt es eine Heizung und heiße Duschen. Einige Räume haben auch

1 Zinnen, Fenstergitter und Dachkonstruktionen aus Palmholz prägen die Lehmarchitektur. **2, 5** und **6** Rustikale Eleganz im Lehmhaus: »Riad Cascades d'Ouzoud«, sowohl in den Zimmern als auch Freien. **3** Die landschaftlich reizvolle Umgebung von Azilal am Rand schneebedeckter Berge des Hohen Atlas eignet sich für Trekkingtouren. **4** Hirten haben hier große Ziegen- und Schafherden.

einen Kamin und eine Klimaanlage. Vom licht- und luftdurchfluteten Restaurant auf der oberen Terrasse bietet sich ein schöner Ausblick auf die ländliche Umgebung. Auf Wunsch werden Exkursionen zu Fuß, mit Kamel oder Kajak angeboten. Hier verbringt man herrlich ruhige Tage abseits des Großstadttrubels. Und eine nähere Erkundung der Gegend – am besten mit dem Mietwagen – ist auf jeden Fall lohnenswert. In den Dörfern können alte Getreide- und Ölmühlen besichtigt werden. In Imi-n-Ifri bei Demnate, etwa 65 Kilometer südwestlich Richtung Marrakesch, höhlte der Oued Lakhdar eine Naturbrücke aus. Von dort aus ist es nicht weit bis zu Dinosaurierfußabdrücken auf einer großen Steinplatte. Von Ouzoud Richtung Osten bietet sich ein Ausflug nach Azilal und weiter zum türkisblau leuchtenden Bin-el-Ouidane-Stausee an. Azilal ist zentraler Ausgangspunkt für Trekking- und Mountainbiketouren in den Hohen Atlas. Wer von hier aus weiter südlich bis ins das Aït-Bougemmez-Tal vordringt, den erwartet eine panoramareiche Fahrt in eine ursprüngliche Gebirgsregion.

Wir schlürfen einen erfrischenden Pfefferminztee in einem der kleinen Restaurants in Ouzoud und treten die Rückfahrt über die Oued-el-Abid-Schlucht an: In Serpentinen geht es durch Thujen-, Wacholder-, Pinien- und Eichenwald am Canyonrand entlang.

Zeit für Cascades d'Ouzoud

Anreise und beste Reisezeit

Flug: Direktflüge aus Deutschland nach Marrakesch

Bus: Ab Marrakesch Richtung Azilal, an der Kreuzung Richtung Ouzoud weiter mit dem Taxi.

Auto: Von Marrakesch über Demnate Richtung Azilal (N8, R210) oder von Norden über die Oued-el-Abid-Schlucht (N8, R304, 195 km).

Beste Reisezeit: Frühjahr oder Herbst.

Unterkunft

Riad Cascades d'Ouzoud, Tel.: 0523-429173, Mobil 0662-143804, www.ouzoud.com. Hübsches Hofhaus in traditioneller Architektur aus Lehm, Zimmer (70–80 Euro) im Berberstil mit offenem Kamin, Terrassenrestaurant.

Sehen und erleben

Wanderungen bei Ouzoud und am Oued el Abid (Schluchten, Thujen-, Pinien-, Eichenwälder).

Baden im Naturbecken unterhalb der Wasserfälle.

Ziele in der Umgebung

Bin-el-Ouidane-Stausee, Aït-Bougemmez-Tal bei Agouti im nördlichen Hohen Atlas.

Cathédrale des Roches: von der Natur geschaffene, gewaltige Felskathedrale im Hohen Atlas südöstlich von Bin-el-Ouidane Richtung Zaouia Ahansal.

Marrakesch.

Information

Délégation Provinciale du Tourisme, Av. Mohamed V., Azilal, Tel. 0523 458722, E-Mail: dtazilal@menara.ma

5

1

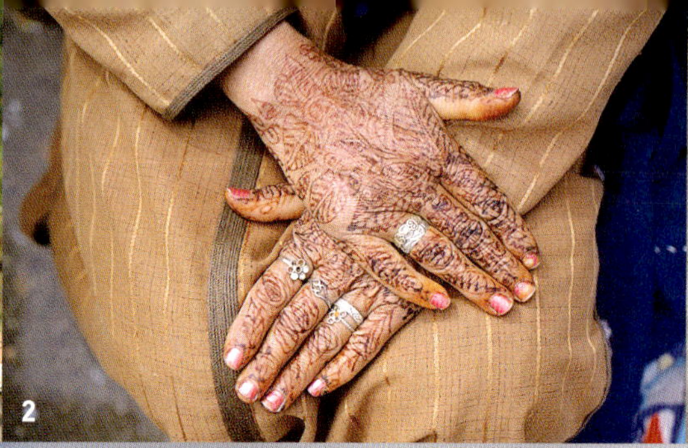

2

3

4

Auf dem Gipfel des Maghreb

Wandern und Ski fahren im Hohen Atlas

Der Hohe Atlas ist ein riesiger Abenteuerspielplatz für Wanderer, Skitourengeher, Kletterer, Mountainbiker und Naturliebhaber. Zwei Panoramastraßen führen durch herrliche Gebirgslandschaft von Marrakesch zum Skiort Oukaimeden und zum Berberdorf Imlil.

Seit drei Tagen sind wir zu Fuß im Hohen Atlas unterwegs. Die Dörfer, die wir durchlaufen, sind nur auf steinigen Pisten erreichbar. Auf den Ladeflächen der wenigen Lastwagen, die hier vorbeifahren, drängen sich Menschen, die zum nächsten Markt mitgenommen werden möchten und uns freundlich »Bonjour!« entgegenrufen. Maultiere tragen unser Gepäck, die Zelte und die Verpflegung. Ein diplomierter marokkanischer Bergführer zeigt uns den richtigen Weg im Gewirr der zahlreichen kleinen Hirtenpfade. Unsere Begleitmannschaft aus Mulitreibern und Koch ist fleißig: Wenn wir abends unser Camp erreichen, sind die Zelte bereits aufgebaut und das Essen schon vorbereitet. So haben wir Zeit, einen Aussichtsfelsen für den Sonnenuntergang zu erklimmen und uns in einem der kühlen Bäche unter Walnussbäumen Staub und Schweiß aus dem Gesicht zu waschen. Das Ziel unserer Tour durch die marokkanische Bergwelt ist der 4167 Meter hohe Djebel Toubkal.

Der Hohe Atlas dehnt sich vom Atlantischen Ozean bei Agadir auf einer Länge von etwa 700 Kilometern in Richtung Nordosten aus. Die Gipfelketten von über 4000 Meter Höhe um den Djebel Toubkal und den Djebel Mgoun sowie über 3000 Meter im Osten um den Djebel Ayachi trennen den mediterranen Norden vom saharischen Süden. Damit gilt der Hohe Atlas als das höchste Gebirge Nordafrikas. Seine Nordseite ist – zumindest in den Lagen bis etwa 2500 Meter – relativ dicht bewachsen und von reißenden Bergflüssen durchzogen. Die Südseite im Übergang zur Sahara präsentiert sich karger und schroffer. Die Hänge über 3000 Meter Höhe bedecken mächtige, kahle Schutthalden. Sie sind das Resultat der starken Temperaturunterschiede – vor allem im Frühjahr und Herbst – zwischen nächtlichem Frost und Sonnenerwärmung während des Tages. Auch wenn die Bewaldung im Hohen Atlas wegen der geringen Niederschläge nie so dicht war wie im Mittleren Atlas, leidet auch der Hohe Atlas unter Überweidung: Große Ziegen- und Schafherden zupfen an den Dornbüschen, den wenigen Gräsern und an den Ästen

1 Fußgängerhängebrücke im Mizane-Tal bei Imlil. **2** Frauen bemalen sich Hände und Füße mit glücksbringendem Henna. **3** Mulis transportieren beim Trekking im Hohen Atlas das Gepäck. **4** Ursprüngliche Berberdörfer kleben an den Hängen des Mizane-Tals am Fuß des Djebel-Toubkal-Massivs.

1

2

3

der Bäume. Der 100 000 Hektar große Nationalpark Djebel Toubkal wurde deshalb in der Kernzone teilweise mit einem Zaun versehen. Zwei Straßen führen von Marrakesch zu den Hauptorten im Hohen Atlas, von denen aus sich Touren unternehmen lassen: eine über Asni nach Imlil, dem Startpunkt der Djebel-Toubkal-Besteigung, und eine ins Ourika-Tal bis nach Oukaimeden. Wer einmal einen afrikanischen Skiort erleben möchte, der nimmt die Route nach Oukaimeden. Diese Straße schlängelt sich entlang dem Oued Ourika stetig bergauf. Der Fluss leuchtet als grünes Band eingefasst von Silberpappeln, Weiden, Gemüsefeldern und Obstbäumen, das sich unterhalb der mit niedrigen Büschen bewachsenen und rot gefärbten Berge entlangzieht. Die rosa Betonhäuser mit Flachdach und weiß umrahmten Fenster- und Türrahmen drängen sich am Hang. Etwa 40 Kilometer hinter Marrakesch gabelt sich die Straße: Rechts geht es zum Skiort Oukaimeden, links weiter entlang des Flusses nach Setti Fatma. Von diesem Dorf mit netten Ausflugsrestaurants in den Flussauen lohnt sich eine kurze Wanderung durch das felsige Tal zu einem kleinen Wasserfall.

Bei der Weiterfahrt nach Oukaimeden erhält die Landschaft langsam Hochgebirgscharakter. Die schmale, mit rotweißen Schneestangen begrenzte Straße steigt immer höher. Hell abgesetzte Pfade zu den höher gelegenen Dörfern gliedern die roten Hänge. Die Vegetation beschränkt sich auf Ginster, Thujen und knorrige Wacholderbäume, die sich in Windrichtung neigen. Unvermittelt führt die Straße auf die karge Hochebene von Oukaimeden in 2650 Meter Höhe. Ein kleiner Damm staut einen Gebirgsbach zu einem kleinen See. Die Ebene ist bedeckt von grünem Flaum, auf dem Ziegen, Schafe und Esel grasen. Die Teerstraße endet bei einem Sessel- und einigen Schleppliften, die Skifahrer im Winter auf die Hänge des 3265 Meter hohen Djebel Oukaimeden befördern. Von Dezember bis Februar ist hier Saison – die einfachen Abfahrten sind eher für Anfänger gedacht. Für Alpinisten bieten sich dafür in der gesamten Umgebung etliche Möglichkeiten für Skitouren im bekannten »Atlas-Firn«.

Der im Herbst und Frühjahr nahezu ausgestorbene Ort Oukaimeden besteht aus drei Hotels, einer Ansammlung von Ferienwohnungen im Chaletstil, ein paar kleinen Läden, einem winzigen Häuschen der Gendarmerie Royale und einigen (nur zur Saison geöffneten) Restaurants. Gemütliche Hüttenatmosphäre, einen warmen Kamin, blitzsaubere Bettenlager mit heißer Dusche und alle Informationen zu Aktivitäten in der Umgebung gibt es im »Chalet d'Oukaimeden« des Club Alpin Français. Hinter der Herberge und den Baracken des Bataillon des Skieurs – den Gebirgsjägern Marokkos – findet man auf den dunklen Steinplatten mit geübtem Auge noch Felsgravuren (zum

4

Beispiel eine Sonnenscheibe oder eine Kuh), Zeichen einer frühen Besiedelung durch die Berber, die hier Schätzungen zufolge schon 2000 Jahre v. Chr. lebten. Wer eine mehrtägige Trekkingrunde drehen möchte, der kann über den 2928 Meter hohen Pass Tizi-n-Eddi nach Ouaneskra wandern, einem hübschen Dorf zwischen Apfelplantagen. Von dort geht es direkt weiter nach Imlil oder zur Dreitausenderkette des Adrar Aksoual.

Unsere Wanderroute führt das Imenane-Tal entlang, auf einem Pfad oberhalb von mühsam angelegten, mit schmalen Bewässerungskanälen durchzogenen Terrassenfeldern mit Walnussbäumen und Gemüse. Ursprüngliche malerische Dörfer der Chleuh-Berber kleben an den Hängen. Die Hauswände sind aus Bruchsteinen aufeinandergeschichtet und passen sich farblich der Landschaft an. Das mit Lehm verputzte Flachdach wird von Balken aus Walnussholz getragen. Wäsche und leuchtend gelbe Maiskörner liegen darauf zum Trocknen aus. Frauen und Kinder mit offenen, freundlichen Gesichtern treiben eine Kuh oder ein paar Schafe durch die schmalen Gassen. Einige Kinder turnen außerdem auf mit Satteltaschen bepackten Eseln herum. In den größeren Dörfern auf dem Weg gibt es fast überall *gîtes d'étape* – einfache Privatunterkünfte für Wanderer wie uns.

1 Von der Terrasse der »Kasbah du Toubkal« blickt man im Frühjahr auf den verschneiten Atlas. **2** Imlil ist der letzte Versorgungspunkt vor der Djebel-Toubkal-Besteigung. **3** Beschwerlicher Aufstieg über schwarzbraunes Geröll zu den Berghütten am Djebel Toubkal. **4** Der Oued Ourika schlängelt sich durch ein grünes Bergtal.

In drei Tagen drehen wir eine wunderschöne Runde durch diese abgelegene rötlich-braune Bergwelt, entlang der bewirtschafteten Täler und über die mit Wacholder, Misteln und niedrigen Dornbüschen bewachsenen Passhöhen. Wir campen an grandiosen Aussichtsplätzen zwischen imposanten Felskathedralen und Gebirgsbächen. Schließlich steigen wir ins Mizane-Tal nach Imlil ab, wo die von Asni kommende Teerstraße endet. Das Dorf ist mit Cafés, Restaurants, Fossilien- und Souvenirhändlern ganz auf Tourismus eingestellt und Ausgangspunkt für die Besteigung des Djebel Toubkal. Hier kann man sich einen Bergführer und Mulis als Packtiere mieten. Fußfaule leihen sich ein Muli als Reittier und unternehmen eine Runde durch die Gärten im Flusstal. Ein Stück weiter oberhalb des Tals thront die »Kasbah du Toubkal« wie eine Ritterburg auf einem Hügel. Die Lehmfestung war vor der Unabhängigkeit Marokkos Wohnsitz des lokalen Stammesherrschers Caid Souktani, verfiel dann über Jahrzehnte, bis zwei englische Brüder die

1 und **2** Komfort in einer alten Berberfestung über dem Mizane-Tal: die »Kasbah du Toubkal« bei Imlil. **3** Zu Gast bei einer Berberfamilie im Ourika-Tal. **4** Typischer marokkanischer Gästesalon in der »Kasbah du Toubkal«. **5** In »La Perle d'Ourika« in Setti Fatma.

Ruinen ab 1995 zu einem komfortablen Hotel im traditionellen Berberstil umbauten. Keine Straße führt hierher, sodass die Gäste schon auf der kleinen Wanderung zum Hotel das Panorama bewundern können – doch nirgendwo bietet sich ein so überwältigender Blick auf den Djebel Toubkal wie von der Terrasse der Kasbah.
Das Hochgebirgspanorama machte sich auch der Produzent Martin Scorsese zunutze, als er hier im Jahr 1997 Szenen für den Film »Kundun« drehte, der von der Flucht des Dalai Lama aus Tibet erzählt. Von der »Kasbah du Toubkal« sind es nur noch 20 Minuten aufwärts nach Aroumd (1900 m), dessen Häuser aus Lehm und Stein, überragt vom rosa Minarett der Dorfmoschee, am Steilhang kleben. Zwei Stunden Marsch auf einem breiten Schotterpfad führen von hier aus bis zu dem heiligen Ort Sidi Chamharouch (2500 Meter) zwischen lilablauen Felsen an einem Gebirgsbach. Hinter den Buden mit Souvenirs, Schokoriegeln, Softdrinks und sonstigem Bergsteiger-Proviant befindet sich das Heiligtum: ein großer, weiß gestri-

chener Felsbrocken. Nach dem Volksglauben wohnt ein Geist in diesem Stein, den Pilger um die Erfüllung eines lang gehegten Wunschs bitten. Nach etwa zweieinhalb Stunden auf einem nun steileren Pfad ist der imposante Kessel zwischen dem Toubkal-Massiv und der Ouanoukrim-Kette erreicht. Auf einem von Steinen befreiten Lagerplatz auf etwa 3200 Meter Höhe warten bereits unsere Mulis und die Zelte. Wir nutzen den Nachmittag zur Akklimatisierung und kriechen schon früh in die warmen Schlafsäcke.

Um sechs Uhr morgens beginnt der Marsch zum Gipfel. Nach drei Stunden Aufstieg in dünner werdender Luft haben wir es endlich geschafft: Wir stehen vor der pyramidenförmigen Stahlkonstruktion auf dem Gipfel des Djebel Toubkal. Trotz der grandiosen Sicht auf die kahle dunkle Steinwüste unter tiefblauem Himmel können wir es hier oben nicht lange aushalten. Es weht ein eisiger Wind, der uns den Atem nimmt. Wir wählen eine schwierigere Abstiegsvariante über loses Geröll. Der steile Hang ist von Trümmerteilen bedeckt. Sie zeugen von dem Unglück, als hier vor Jahren ein Hubschrauber mit seinen Insassen im Nebel abstürzte. Erschöpft erreichen wir gegen Mittag unser Camp und freuen uns auf die Annehmlichkeiten im warmen Marrakesch.

Zeit für Djebel Toubkal und Oukaimeden

Anreise und beste Reisezeit

Flug: Direktflüge nach Marrakesch mit verschiedenen Airlines.

Zug: Täglich Züge ab Marrakesch nach Casablanca, Rabat, Tanger und Fès.

Bus: Busse und Sammeltaxis ab Marrakesch bis Oukaimeden oder Imlil.

Auto: Teerstraße von Marrakesch nach Asni und weiter nach Imlil (R203, etwa 70 km). Von Süden kurvige Strecke über den Tizi-n-Test (2092 m) nach Asni (R203). Von Marrakesch bis zum Kreuzungspunkt bei Arhbalou im Ourika-Tal, von dort weiter nach Setti Fatma oder Oukaimeden (P2017 und P2030).

Beste Reisezeit: Zum Ski fahren Oktober bis März, für Wanderungen Mai bis Oktober. Im Sommer kann es zum Wandern sehr heiß werden. Im Frühjahr und Herbst gibt es über 3000 Meter Höhe eventuell Frost und Schnee.

Unterkunft

La Kasbah du Toubkal, Imlil, Tel.: 0524-485611, www.kasbahdutoubkal.com. Die Kasbah thront auf einem Hügel im Mizane-Tal, mit Blick auf den Djebel Toubkal. DZ ab 160 Euro, ein Teil der Einkünfte kommt wohltätigen Zwecken zugute.

La Perle d'Ourika, Mobil 0666-349599, E-Mail: perledelouirka@hotmail.com. Liebevoll gestaltetes Gästehaus mit grandiosem Blick ins Flusstal. DZ ca. 15 Euro.

Refuge Club Alpin Français, Oukaimeden, Tel.: 0524-319036, www.caf-maroc.co.ma. Gemütliche Hüttenatmosphäre mit Kaminsalon, blitzsauberen Bettenlagern (12 Euro/Pers.) und allen Infos für Wanderer, Bergsteiger und Skitouristen.

Weitere einfache, saubere und familiär geführte *gîtes d'etape* in Imlil und Aroumd.

Sehen und erleben

Djebel-Toubkal-Besteigung: Für konditionell starke und trittfeste Wanderer mit Bergerfahrung, Akklimatisierung notwendig, am besten mit marokkanischem, diplomierten Bergführer. Zeltübernachtung bei oder Bettenlager in einer der beiden Hütten (Shop, warme Dusche) auf 3200 m Höhe.

Ziele in der Umgebung

Marrakesch.

Passstraße über den Tizi-n-Test (2092 m).

Almohaden-Moschee Tin Mal (12. Jahrhundert).

Information

Club Alpin Français (CAF), 50, Bd. Sidi Abderrahmane, Casablanca, Tel. 0522-987519, www.caf-maroc.com

Bergführerbüro Imlil, neben der Hütte des CAF im Zentrum von Imlil, Tel. 0524-485626, www.bureaudesguidesimlil.com.

Touristikkarte »Djebel Toubkal im Hohen Atlas«, 1:100000 und 1:60000, FH Karlsruhe Spruck/Zylka 1999.

1

2

3

4

Zwischen Souks und Arganienbäumen

Taroudannt – Zentrum des fruchtbaren Sous-Tals

Quirlige Souks, marokkanisches Alltagsleben und die imposante Stadtmauer machen Taroudannt interessant. Eine Fahrt durch die Sous-Ebene verdeutlicht die Stellung der Region als Landwirtschaftszentrum und Anbaugebiet der wertvolles Nussöl liefernden Arganien.

Nur etwa 80 Kilometer sind es von der Touristenhochburg Agadir in die Hauptstadt des Sous, Taroudannt. Die Fahrt entlang dieser verkehrsreichen Hauptverbindungsstrecke verdeutlicht die Fruchtbarkeit der Region am Südrand des Hohen Atlas: Riesige Gewächshäuser voller Bananen, Tomaten und Paprika sowie Plantagen mit zahlreichen Orangen- und Zitronenbäumen nehmen große Flächen des Sous-Tals ein.

Die 200 000-Einwohner-Stadt war noch bis Anfang des 19. Jahrhunderts nach Fès, Marrakesch und Meknès die viertgrößte Stadt des Landes, was ihre frühere politische Bedeutung unterstreicht. Taroudannt ist berberischen Ursprungs – der genaue Gründungszeitpunkt ist nicht bekannt – und wurde im 11. Jahrhundert von den Almoraviden eingenommen. Unter den Meriniden wurde es 1306 zerstört, aber kurz darauf wieder aufgebaut. Der Saadier Mohamed ech Cheikh, der später auch Marrakesch und Agadir eroberte, erklärte es ab 1520 zur Hauptstadt. Taroudannt könnte somit eigentlich zu den Königsstädten Marokkos gezählt werden. Ihre Blütezeit erlebte die Stadt unter dem bekanntesten Herrscher der Saadier, Ahmad al-Mansour (1576–1603). Taroudannt entwickelte sich zum wichtigsten Handelszentrum für Karawanen in den Sudan, der Region südlich der Sahara. Gehandelt wurde mit Gold und Silber, aber vor allem mit Sklaven. Die Arbeit der Sklaven auf Zuckerrohr, Baumwoll- und Obstplantagen ermöglichte dem Landstrich den Aufstieg zum landwirtschaftlichen Zentrum des damaligen Marokko. Die Abschaffung des Sklavenhandels, der Niedergang des Zuckerhandels und die Schließung des Hauptausfuhrhafens Agadir im Jahr 1765 ließen Taroudannt schließlich an Bedeutung verlieren. Seit 1912 stand die Stadt dann unter Kontrolle des franzosenfreundlichen Berberfürsten al Glaoui, der die Herrschaft 1917 ganz an die französischen Kolonialherren abgeben musste. Für Tagesausflügler aus Agadir bietet Taroudannt die Exotik der Souks und der Medina, wie sie für Marokko typisch ist. Den ersten Eindruck bestimmt die etwa

1 Mühsam ist die Handarbeit der Frauen, die das Fruchtfleisch vom Kern der Arganien lösen, bevor die Samenkerne geröstet werden. **2** Der herrliche Garten des »Palais Salam«. **3** Muslima in den Straßen von Taroudannt. **4** Arganienbäume im Anti-Atlas.

8 Meter hohe, zinnenbewehrte Lehmmauer aus dem 16. Jahrhundert, die die Stadt fast vollständig umgibt. Durch einen der Mauerdurchbrüche gelangt man von der Avenue Hassan II. oder Mohamed V. in die schmalen Straßen des Stadtkerns und zur zentralen Place Assaragh (El Alouine). Dort und an der benachbarten Place Talmoklate finden Reisende hübsche kleine Cafés, Restaurants und einfache Hotels. Abends herrscht hier der größte Trubel und die ganze Stadt ist auf den Beinen. Pferdekutschen und Taxis buhlen um Kundschaft, auch wenn in Taroudannt eigentlich fast alles zu Fuß erreichbar ist.

Wer Lust auf einen Spaziergang hat, der wandert zu den Mauern des Kasbahviertels. Die Kreuzung vor dem Bab el Kasbah ziert eine alte Olivenpresse. Innerhalb der alten Kasbah, angrenzend an die östliche Stadtmauer, verbirgt sich das Luxushotel »Palais Salam« mit traumhaftem Palmengarten.

Taroudannts Souks hinter der Place Assaragh zählen zu den lebendigsten des Landes und sind für ihr Handwerk und die Herstellung von Waffen, Schmuck und ziselierten Kupferarbeiten bekannt. Beim interessanten Berbermarkt südöstlich der Place Assaragh bietet sich die Gelegenheit, eine Kooperative zur Herstellung von Arganöl zu besuchen. Die knorrige Arganie, ein immergrüner Eisenholzbaum,

1 Das »Palais Salam«, eine wahre Oase. **2** und **3** Erholung und Komfort außerhalb der Stadt bietet ein Aufenthalt im »Palais Riad Hida« in Ouled Berhil. **4** und **6** Luxus für die höchsten Ansprüche findet man im bekannten »Gazelle d'Or« in Taroudannt. **5** ... mächtigen alten Stadtmauer in Taroudannt.

wächst nur hier im Süden Marokkos. Der bis zu 6 Meter hohe Baum mit ausladender Krone stellt spezielle Ansprüche an Boden und Klima, sodass seine Verbreitung lange zurückging. Erst in den letzten Jahren, als die Europäer den Geschmack und die gesundheitlich fördernde Wirkung des Arganöls entdeckten, erfuhr die Arganie eine Art Wiedergeburt. Das Bild von schwarzweißen Ziegen, wie sie selbst auf den höchsten, stacheligen Ästen der Arganie herumturnen und an den Früchten knabbern, gehört zu Marokkos beliebtesten Fotomotiven. Die gelben, etwa olivengroßen Früchte enthalten einen harten Stein mit ein bis drei Samen.

Die Gewinnung von Öl aus diesen Früchten ist Aufgabe der Frauen und zudem sehr aufwendig: Für einen Liter Öl leistet eine Frau zehn Stunden Handarbeit. Zunächst wird das Fruchtfleisch abgeschlagen, dann werden die Kerne geknackt und die Samen entnommen, um sie anschließend zu rösten und zu mahlen. In Kooperativen in ganz Südmarokko können Besucher beobachten, wie Frauen die gerösteten Samenkerne mit schweren Mühlsteinen per Hand zu einer zähflüssigen Masse mahlen, bis das Öl aus einer kleinen Rinne austritt. In Deutschland kostet das nussig schmeckende Arganöl ein kleines Vermögen und auch in Marokko steigen die Preise Jahr für Jahr.

Zeit für Taroudannt – Zentrum des Sous-Tals

Anreise und beste Reisezeit

Flug: Direktflüge verschiedener Airlines nach Agadir.

Bus: Täglich Busse von Agadir, Marrakesch, Ouarzazate, Casablanca, Tata.

Auto: Verkehrsreiche Hauptverbindungsstrecke von Agadir (N10, 81 km), von Marrakesch auf abenteuerlicher Passstraße über den Tizi-n-Test (R203, 230 km).

Unterkunft

Gazelle d'Or, ein Kilometer außerhalb Richtung Agadir, Tel.: 0528-852048, www.gazelledor.com. Eines der exklusivsten (5-Sterne-)Hotels in Marokko auf riesigem Grundstück (Tennis, Reiten, SPA, Fitness). Drehort von »Ali Baba und die vierzig Räuber«, Besichtigung möglich. Suite ab ca. 410 Euro mit HP.

Palais Salam, Bd. Moulay Ismail, in der Kasbah an der Stadtmauer, Tel.: 0528-852501, E-Mail: palsalam@menara.ma. Schönes 4-Sterne-Hotel in einem alten Palast mit üppigen Gärten und Pool. DZ ca. 70 Euro.

Riad Hida, in Oulad Berhil (45 km außerhalb, an der N10 Richtung Tizi-n-Test), Tel./Fax: 0528-531044, www.riadhida.com. Klimatisierte Zimmer (70 Euro) und Suiten (82–240 Euro) in einem maurischen Paschapalast, schöner Garten und Pool.

Sehen und erleben

Bummel durch die Souks.

Besuch einer Arganölkooperative mit Verkostung und Verkauf des gesunden und schmackhaften Arganöls, z.B. in Tiout (s.u.).

Ziele in der Umgebung

Oase Tiout: 38 Kilometer südöstlich von Taroudannt. Die Palmenoase war zur Zeit des Zuckerhandels (16.–19. Jahrhundert) bekannt und wird von einer mächtigen Kasbah (Restaurant für Touristengruppen) überragt. Im Dorf kann man Spaziergänge unternehmen oder mit dem Esel durch die Oasengärten reiten.

Tizi-n-Test, Agadir, Tafraoute.

Information

Conseil Régional du Tourisme d´Agadir Souss-Massa Drâa, Av. Hassan II., Agadir, Tel. 0528-84 26 29/38

Offizielle Webseite: www.visitagadir.com

Lehmbauten zwischen Granitfelsen, Opuntien, Palmen und Arganien – der Anti-Atlas

Der Anti-Atlas

Im Land der Felsskulpturen

Tafraoute im Anti-Atlas

Karge Berge, bizarre Felsformationen, Dörfer der Chleuh-Berber zwischen Dattelpalmen und Mandelbäumen – ein Besuch der Granitfelsenlandschaft um Tafraoute gehört zu einer Marokkoreise.

Der von Südwest bis Nordost verlaufende Anti-Atlas bildet den südlichsten Atlas-Gebirgszug. Er ist mit einer maximalen Gipfelhöhe von 2531 Metern (Adrar-n-Aklim) gleichzeitig der niedrigste. Südlich des Anti-Atlas schließt nur noch das Wüstengebirge des Djebel Bani mit Höhen bis zu 1635 Metern an. Geologisch nimmt der Anti-Atlas eine Sonderstellung ein: Er ist erdgeschichtlich älter und entstand nicht wie Hoher, Mittlerer Atlas und die Alpen im Zuge der Kontinentalbewegung der afrikanischen Platte in Richtung der eurasischen Platte. Während Rif, Mittlerer und Hoher Atlas eigentlich Bestandteil des alpinen Faltungsgürtels sind, erhebt sich der Anti-Atlas südlich der vorafrikanischen Furche auf der afrikanischen Kontinentalplatte.

Tafraoute sowie die umliegenden Oasen liegen im Zentrum des Anti-Atlas, der sich mit seinen bizarren Granitfelsformationen, ursprünglichen Berberdörfern und alten Speicherburgen (*tighremts* oder *agadire*) von allen anderen Landstrichen Marokkos abhebt. Die meisten Touristen reisen aus Agadir an, wo die Hotels Ausflugsprogramme in die Region anbieten. Zwei kurvige Bergstraßen mit fantastischen Ausblicken führen nach Tafraoute: über Tiznit und den Pass Col du Kerdous oder von Agadir über Aït Baha.

Am schönsten ist eine Rundfahrt ab Agadir, bei man auf der Hin- und Rückfahrt beide Strecken verbindet. Zwischen Tiznit und Tafraoute lohnt sich ein Zwischenstopp beim »Hotel Kerdous« an der Passhöhe Col du Kerdous auf 1200 Metern Höhe. Vorzüge dieses leider etwas vernachlässigten 4-Sterne-Hotels im historischen Fort Tiffermit sind neben seiner Abgeschiedenheit der fantastische Ausblick über die im Abendlicht rot glühenden Granitberge, der Pool im Innenhof und das schmackhafte Essen mit marokkanischen Weinen.

Die wildromantische Anfahrt durch den Anti-Atlas mit Arganien, Mandelbäumen und Euphorbien, vorbei an schroffen Felsen, malerischen Dörfern an den Berghängen und in den Tälern gibt schon einen Vorgeschmack auf Tafraoute und seine Umgebung.

1 und **4** Zehn Kilometer außerhalb von Tafraoute hat sich der belgische Maler Jean Vérame mit bunt bemalten Granitfelsen ein Denkmal gesetzt. **2** Teetablett. **3** Die rosafarbenen Häuser von Tafraoute.

1

Die rosafarbenen Häuser von Tafraoute liegen inmitten einer gigantischen Felsenlandschaft. Diese Dattelpalmen-Oase mit etwa 8000 Einwohnern ist Zentrum der gegenüber Touristen sehr freundlichen Chleuh-Berber. Die Chleuh leben ursprünglich von der Viehzucht und der Oasenwirtschaft, viele geschäftstüchtige Berber zogen allerdings in die großen Städte. Sie sprechen kein Tamazirt wie etwa die Berber im Mittleren Atlas, im zentralen Hohen Atlas und im Tafilalet, sondern einen Tashelhit-Dialekt.
In Tafraoute trifft man im Gegensatz zu manchen anderen Orten keine bettelnden Kinder und selten aufdringliche Jugendliche. Nur manchmal wird man von einem Moped fahrenden Pseudo-Tuareg freundlich aufgefordert, doch eines der beiden Teppichhäuser im Ort zu besuchen. Die Bewohner Tafraoutes sind seit jeher als geschickte Kaufleute bekannt. Sie arbeiten in jungen Jahren häufig in den Städten im Norden oder sammeln Berufserfahrung im Ausland. Jede Familie besitzt ihren eigenen kleinen Oasengarten, in dem Obstbäume, Gemüse und Gewürzpflanzen wachsen. Die Mandelblüte im Februar verwandelt die Gegend in ein weiß-rosa Blütenmeer.
Tafraoute selbst bietet nicht viele Sehenswürdigkeiten – aber die rot-braune Granitfelsenkulisse zählt zu den schönsten Landschaf-

2

1 Die »Napoleonhut« genannte Felsformation thront über der Ortschaft Aguard Ouadad. **2** Ort bei Tafraoute. **3** Eine als »Löwenkopf« bezeichnete Gesteinsskulptur. **4** Auch modernere Häuser fügen sich in Aguard Ouadad harmonisch in die umgebende Landschaft ein.

ten in ganz Marokko. Wandert man von Tafraoute Richtung Süden zu den Dörfern Tazzeka und Adai, so ist man bald inmitten einer von Wind und Wetter geschliffenen fantastischen Felsenlandschaft. Früher gab es hier einen riesigen »Totenkopf« aus Stein, den Einheimische wahrscheinlich aus Aberglauben zerstörten. Ein anderer Fels gleicht einem Clown, ein weiterer einem Widderkopf – und mit ein bisschen Fantasie findet man unzählige weitere von der Natur geschaffene Tier- und Menschengestalten und Gesichter. Im Palmenhain zwischen Tazzeka und Adai gibt es außerdem eine etwa 3 Meter hohe Gazellen-Gravur zu besichtigen, über deren Alter spekuliert wird. Man könnte hier tagelang wandern, die Dörfer der Umgebung erkunden und auf den Felsen herumklettern. Um die schönsten Skulpturen zu finden, lohnt es sich, im Ort einen Führer anzuheuern.

Der Ursprung dieser Landschaft geht auf geologische Prozesse vor 550 Millionen Jahren zurück. Das damals aufgestiegene Magma liegt heute an der Oberfläche frei. Erosion formte die riesigen Granitblöcke zu bizarren Gebilden: aufeinandergetürmte Wackelsteine, Felsnadeln, -türme und -nasen. Eingelagerte Feuchtigkeit im aus Feldspat, Quarz und Glimmer zusammengesetzten Granit bewirkt den stetigen Zerfall und die Verwitterung des porösen Gesteins.

Lohnenswert sind neben einem Ausflug in das Ammelntal am Fuß des Djebel Lekst (2359 m) auch Exkursionen zu den Dörfern südlich von Tafraoute. Das mit Palmen gesäumte Aguard Ouadad zum Beispiel, nur 2 Kilometer von Tafraoute entfernt in Richtung Tiznit, gibt eines der berühmtesten Fotomotive der Region ab: Die roten Häuser mit weißen Zinnen thronen am Hang unterhalb des »Chapeau Napoléon«. Der Hügel aus eigentümlich aufeinandergestapelten, mächtigen Steinblöcken erhielt wegen seines Aussehens den Namen »Napoleonhut«.

Noch 4 Kilometer weiter südlich ließ sich der belgische Künstler Jean Vérame 1984 von der einzigartigen Landschaft inspirieren. Er bemalte die bis zu 30 Meter hohen Granitfelsen in Blau, Rot, Schwarz und Violett. Für diese Phantasmagorie von 2 Kilometern Länge und 800 Metern Breite verbrauchte er 20000 Kilogramm Farbe, mit der er die Felsen ganzflächig anstrich. Ähnliche Freiluft-

1 Zu Füßen der imposanten Bergkulisse des Djebel Lekst bietet das Hotel »Chez Amaliya« Entspannung am Pool mit Panoramablick.
2, 3 und **4** Das »Col du Kerdous« im marokkanischen Stil liegt hoch oben am gleichnamigen Pass mit Blick über den Anti-Atlas.
5 Frauen einer Arganölkooperative präsentieren ihre Produkte

kunstwerke schuf Vérame bereits im Tibesti (Tschad) und auf dem Sinai. Eine kleine Zufahrtspiste führt zu einem Parkplatz oberhalb des Kessels, in dem sich die bemalten Blöcke – »Les Peintures« genannt – unwirklich von der traumhaften braunen Granitlandschaft abheben. Zu Fuß geht es hinab in diese Fantasiewelt, in der man ewig wandeln könnte. Beim Klettern auf und zwischen den Felsen ergeben sich ständig neue Entdeckungen. In Hohlräumen zwischen großen Wackelsteinen, an versteckten Überhängen und an Stellen, die nur mit viel Kletterei auf dem glatten Stein erreichbar sind, entdeckt man verspielte Details wie rote Sternchen und Muster auf dem blauen Untergrund.
Motorisierte Touristen sollten es keinesfalls versäumen, noch weiter südlich ins Aït-Mansour-Tal und zu den Gravuren von Ukas vorzudringen. Vorbei am Adrar Mqorn, dem mit 2344 Metern zweithöchsten Berg der Region, schlängelt sich die schmale Straße

bergauf zu einer Passhöhe und zum Dorf Tasrirt. »Adrar« bezeichnet im Berberischen einen Berg, synonym zum »Djebel« im Arabischen. Schon 25 Kilometer hinter Tafraoute beginnt die fantastische Kulisse des von Palmen und Oleander gesäumten Aït-Mansour-Tals. Die steilen roten Felswände des Canyons überragen die Dörfer im grünen Flusstal mit ihren paradiesischen Oasengärten voller Feigen, Datteln, Granatäpfel und Oliven. Bei Hochwasser überschwemmt der Fluss die Straße, sodass diese sich beim Ort Souk d'Afella Ighir (mit sehenswertem Sonntagsmarkt) in eine holprige Schotterpiste verwandelt. Mit einem robusten, hochbeinigen Fahrzeug kann man den Ausflug über Tiwadou und Timguelchte durch eine zweite, ebenso spektakuläre Schlucht fortsetzen, bis man bei Tasrirt wieder auf die Teerstraße trifft.
Wer mit einem Geländewagen unterwegs ist und echtes Wüstenfeeling erleben möchte, der folgt dem steinigen, ausgetrockneten Oued Tazougart nach Süden. Nomaden ziehen mit ihrem Vieh durch dieses Tal. Auf einem Felskegel im Flussbett gibt es mehrere tausend Jahre alte Gravuren von Rindern und Gazellen zu entdecken. Direkt hinter den Gravuren von Ukas liegt ein ursprünglicher, kleiner Friedhof und ein *Guelta* (Wasserbecken im Fels) am Ende des Taleinschnitts.

Zeit für Tafraoute im Anti-Atlas

Anreise und beste Reisezeit

Flug: Direktflüge verschiedener Airlines nach Agadir.

Bus: Tägliche Verbindungen nach Tiznit, Agadir, Marrakesch und Casablanca.

Auto: Von Agadir panoramareiche Routen über Aït Baha (R105, 155 km) oder über Tiznit und den Pass Col du Kerdous (R104, 117 km) nach Tafraoute.

Beste Reisezeit: Frühjahr, am schönsten zur Mandelblüte im Februar.

Unterkunft

Kerdous, Km 62 an der R104 (Route Tafraoute–Tiznit), Tel.: 0528-21 81 52, www.hotel-kerdous.com. 4-Sterne-Hotel am Pass Col du Kerdous mit Pool und fantastischer Aussicht auf die Berge des Anti-Atlas. DZ ca. 50 Euro.

Salama, im Zentrum von Tafraoute beim Markt, Tel. 0528-800026, www.hotelsalama.com. Das 2-Sterne-Haus punktet mit seiner Panoramadachterrasse, einer gemütlichen Kaminecke und hübschen, klimatisierten Zimmern (ca. 30 Euro) im marokkanischen Stil.

Chez Amaliya, ca. 5 km außerhalb Richtung Agadir, Tel. 0528-800065, www.chezamaliya.com. Die komfortablen Zimmer (45 Euro) dieses Kasbah-Hotels gruppieren sich um den Hofgarten mit hübschen Pool – das alles vor der Kulisse des wilden Djebal Lekst.

Sehen und erleben

Wanderungen in der Granitfelsenlandschaft, Besuch der bemalten Felsen von Jean Vérame Les Peintures, Oasendörfer der Umgebung, Felsmalereien von Ukas.

Ziele in der Umgebung

Tiznit: von mächtiger Mauer umgebenes Städtchen mit interessanter Medina.

Ammelntal, Agadir, Sous-Massa-Nationalpark, Sidi Ifni.

Information

Conseil Régional du Tourisme d´Agadir Souss-Massa Drâa, Av. Hassan II., Agadir, Tel. 0528-84 2629/38

Offizielle Webseiten: www.visitagadir.com, www.visitmorocco.com

5

1

2

3

4

Ästhetik aus Lehm und Stein

Berberdörfer und Speicherburgen im Anti-Atlas

In der rosaroten Granitberglandschaft des Anti-Atlas, zwischen Terrassenfeldern, Arganien, Mandelbäumen und Feigenkakteen verbergen sich verfallende Relikte alter Berberarchitektur.

Im Anti-Atlas sowie im »Tal der Ammeln«, wenige Kilometer nördlich von Tafraoute zwischen Had Tahala und Oumesnat blieben die ursprüngliche Berberarchitektur und -tradition bis heute erhalten. Die rosa Häuser der insgesamt 46 Dörfer (*douars*) im Ammelntal kleben an den unteren Hängen des 2359 Meter hohen Djebel Lekst. Die Ammeln, eine Berberfraktion der Chleuh, sind im ganzen Land als geschickte Händler bekannt. Viele fleißige Bewohner des Ammelntals zogen zum Geldverdienen in die großen Städte oder nach Europa, reinvestierten ihr kleines Vermögen aber in ihrer Heimat. In den Dörfern fallen deshalb die vielen schmucken, mehrstöckigen Betonhäuser auf, die sich in Rosarot-Tönen farblich gut in die Landschaft einfügen. Die traditionellen Wohnstätten verfallen dagegen mehr und mehr – mangels modernen Komforts wie heißes Wasser, Strom und Satellitenschüssel.

Rund um Tafraoute türmen sich riesige, im Abendlicht purpurrot leuchtende Granitblöcke zu einer gigantischen Felslandschaft auf. Besonders beeindruckend sind die steil aufragenden, 2500 Meter hohen Berge in Oumesnat, nur 5 Kilometer nördlich von Tafraoute. Hier thronen die meist dreigeschossigen Häuser aus Bruchstein und Lehm wie Adlerhorste an den Felswänden. Für die Region typische *lokbas* verzieren die Gebäude am Hang: In Wandnischen eingelassene Schiefertafeln sind zu drei- oder viereckigen Ornamenten zusammengefügt und mit Pferde- oder Maultierschweifhaaren verstopft. Eines der alten Häuser in Oumesnat wurde als »Maison traditionelle« berühmt. Der greise, blinde Abdessalam funktionierte sein rund 400 Jahre altes Haus zu einem Museum um und öffnete es für Besucher. Manchmal führt der alte Herr noch selbst durch sein Heim und erklärt die Traditionen, die Architektur sowie die Funktionsweise alter Gerätschaften. Meist vertritt ihn aber einer seiner Söhne fachmännisch und lädt am Ende der Führung in den mit bunten Teppichen ausgelegten Salon zu einem Glas Tee ein. Wer das Alltagsleben in einem Berberdorf noch besser kennenlernen möchte, der quartiert sich direkt neben der »Maison traditionelle« in der dazugehörigen Pension in einem der authentischen einfachen Zimmer ein. Den Gepäcktransport vom Parkplatz zur *maison d'hôtes* übernimmt der Hausesel …

1 Gazellen-Felsbild bei Tazzeka. **2** Frauen einer Kooperative
3 Oumes-nat. **4** Aguard Oudad vor hoch aufragenden Granitfelsen.

1 Begrüßungstee der Familie Mussali im »Maison d´Hôtes Kasbah Tizourgane«. **2** Salon im »Maison traditionelle« in Oumesnat.

Eine der schönsten Strecken durch die rosafarbene Gebirgslandschaft des Anti-Atlas führt von Oumesnat über den Pass Tizi Mlil (1650 Meter), vorbei am Agadir Tasguent und Igherm nach Taroudannt. In Tiguermine zwischen terrassierten Feldern biegt die etwa 8 Kilometer lange Piste zu einer der beeindruckendsten Speicherburgen – *agadir* oder *tighremt* genannt – des Landes ab. Oberhalb des Dorfs Alma trotzt der Agadir Tasguent auf einem Hügel bislang noch dem Verfall. Die ohne jeglichen Mörtel aus ineinandergeschichteten Schiefersteinen errichtete Speicherburg besitzt sieben von Arganienholzbalken gestützte Stockwerke, 200 Aufbewahrungsräume, fünf Innenhöfe, Stallungen, eine Zisterne und eine Moschee. Ein Führer aus dem Dorf begleitet den Besucher nach oben zum Eingangstor, an dem ein Wächter postiert. Die Speicherburg von Tasguent ist eine der wenigen in Marokko, in der die Dorfgemeinschaft noch heute Vorräte aufbewahrt.

In den gemeinschaftlich erbauten und genutzten südmarokkanischen *agadirs* aus Stein oder Lehm lagert ein Berberclan Getreide, andere agrarische Erzeugnisse, Waffen, Schmuck, Geld und Urkunden. Jede Familie erhält mindestens einen abschließbaren Raum für ihre Wertgegenstände. Ein Rat aus Familienchefs regelt organisatorische Angelegenheiten und ernennt einen Aufseher für den Speicher. Neben dem Zweck der Vorratshaltung schützt eine solche Speicherburg auch vor Überfällen verfeindeter Berberstämme und ist gleichzeitig heiliger Bezirk: Häufig ruht ein islamischer Gelehrter, ein Ahne des Clans, auf dem Boden des Agadirs. Die Burg steht symbolisch für den Zusammenhalt der Dorfgemeinschaft und die Verbundenheit mit dem Ahnen, der sie beschützt. Die Speicherburg von Tasguent zählt zu den Zellenagadiren. Einer oder mehrere gerade, enge Gänge führen zu den Kammern. Die bis zu 2 Meter breiten, 2 Meter hohen und 5–10 Meter langen Zellen haben alle dieselbe Form und sind in Stockwerken übereinander angeordnet. Eine hölzerne Tür mit Schloss schützt jeden Raum vor Diebstählen. Die Kammern in den oberen Etagen sind über in die Wand integrierte Trittstufen aus Schiefersteinen erreichbar. Der größte Schatz im Agadir Tasguent ist jedoch weder Getreide noch Geld, sondern besteht aus jahrhundertealten Holztafeln, auf denen das Gewohnheitsrecht der Berber aufgezeichnet ist. Dieses Recht, das Regeln zur Schlichtung von Streitigkeiten und zur Verurteilung von Vergehen festlegt, wurde über Generationen mündlich überliefert und erst später auf Holztafeln festgehalten. Da praktisch keine historischen Dokumente in Berberschrift existieren, gelten die Tafeln als Sensation und sind ebenso geheimnisumrankt wie die Heilige Bundeslade.

Auf einer Felskuppe zwischen Aït Baha und Tafraoute thront eine weitere sehenswerte Speicherburg inmitten des wildromantischen Berglands: der Agadir Tizourgane. Hier ist das Gebiet der Illalen, einer Konföderation aus 18 Berberstämmen, von denen jeder einen Speicher besitzt. Den Komplex aus Lagerkammern, einer Moschee und 30 Steinhäusern umgibt eine kreisrunde Verteidigungsmauer. Der Agadir diente ab dem 13. Jahrhundert zunächst als Getreidespeicher, wurde aber dann als Zufluchtsstätte vor Angriffen verfeindeter Berberstämme bis ins 16. Jahrhundert immer wieder erweitert. Ein Spaziergang durch die menschenleeren Gassen zwischen den Steinhäusern mit Flachdächern und alten Holztüren versetzt den Besucher zurück ins Mittelalter. Bis zur Unabhängigkeit Marokkos lebten hier noch 35 Familien, heute sind es nur noch drei. Eine davon ist die

Familie Mussali, die in einem der alten Häuser eine Herberge mit gemütlichen Zimmern und Dachterrasse einrichteten.

Weiter im Süden in Amtoudi liegt die älteste und am besten erhaltene Speicherburg des Landes. Majestätisch thront der steinerne Agadir Id Aïssa auf einem Hügel über dem gleichnamigen Dorf und dem idyllischen Palmental des Assif Boulgous. Die Speicherburg von Id Aïssa diente den Berbern vom Stamm der Aït Herbil noch bis in die 1950er-Jahre zur Aufberwahrung von Getreide und Wertgegenständen. Zudem bot die Burg mit 75 verschließbaren Kammern, Zisterne, Brunnen, Bienenzellen, Küche und Moschee genug Platz, um Menschen und Tiere des Dorfs vor feindlichen Angriffen zu schützen. Der alte Schlüsselhalter und Wärter Abdullah führt durch den Komplex und präsentiert zum Schluss einen besonderen Schatz: hölzerne Schriftrollen mit mehrere hundert Jahre alten Aufzeichnungen. Schon allein wegen der Aussicht auf das Flusstal, das Dorf und die ansonsten wüstenhafte Berglandschaft lohnt der etwa halbstündige Aufstieg zur Burg – Fußfaule mieten alternativ einen Esel. Wer Lust auf eine längere Wanderung hat, marschiert am Flussbett entlang durch die Schlucht des Assif Boulgous und genießt die Ruhe in den Oasengärten zwischen plätschernden Bewässerungskanälen, Palmen, Feigen- und Granatapfelbäumen.

Zeit für Berberdörfer und Speicherburgen

Anreise und beste Reisezeit

Flug: Direktflüge verschiedener Airlines nach Agadir.

Bus: Mehrmals täglich von Tiznit und Agadir nach Tafraoute.

Auto: Von Agadir über Aït Baha (R105) oder von Taroudannt über Igherm ins Ammelntal (R109 und R106, Abzweig wenige Kilometer vor Tafraoute). Teerstraße (R102) von Bou Izakarn über Timoulaye zum Agadir Id Aïssa (Amtoudi).

Beste Reisezeit: Im Frühjahr, besonders zur Mandelblüte im Februar.

Unterkunft

Maison d'Hôtes, neben der »Maison traditionelle« in Oumesnat, Mobil 0666-917768 oder 0666-918145, E-Mail: maisondhote@gmail.com. Einfaches, aber hübsches Gästehaus in einem alten Lehmhaus mit schönem Ausblick von der Dachterrasse. DZ (einige Zimmer mit geteiltem Bad) ca. 15 Euro.

Auberge Ondiraitlesud, in Id Aïssa/Amtoudi, Tel.: 0528-789414, http://ondiraitlesud.ma.free.fr. Nette Herberge mit kühlen geräumigen Zimmern (25–35 Euro), Hofgarten mit Palmen und Aprikosen und großem Ausflugsprogramm.

Maison d'Hôtes Kasbah Tizourgane, zwischen Ait Baha und Tafraoute (km 105), Mobil 0661-941350, www.tizourgane-kasbah.com. Authentisch renoviertes Steinhaus inmitten des Agadir Tizourgane, kühler Salon und Dachterrasse mit Blick auf die Berge, Organisation von Wanderungen. DZ (mit Dusche am Gang) 35 Euro/Person mit HP.

Hotel Salama und Chez Amaliya, siehe Kapitel über Tafraoute, Seite 129 ff.

Sehen und erleben

Architektur und Lebensweise der Berber im Anti-Atlas:

»Maison traditionelle« in Oumesnat: Berbermuseum in einem 400 Jahre alten Haus.

Besuch einer renovierten Speicherburg: Agadir Tasguent, Agadir Tizourgane, Agadir Id Aïssa.

Prähistorische Felsgravuren: zwischen den Dörfern Douar Adaï und Tazzeka bei Tafraoute und im Oued Tazougart (Ukas, 52 südlich von Tafraoute).

Tête du Lion: Felsformation hinter Oumesnat, die an einen Löwenkopf erinnert.

Ziele in der Umgebung

Wanderung in Amtoudi: Zwei bis drei Stunden durch die Palmen bestandene Schlucht und Oasengärten des Assif Boulgous bis zu einem Badebecken und Quellen.

Tafraoute und Umgebung, »Les Peintures« von Jean Vérame.

Agadir, Sous-Massa-Nationalpark, Sidi Ifni und Guelmim, Taroudannt.

Information

Conseil Régional du Tourisme d´Agadir Souss-Massa Drâa, Av. Hassan II., Agadir, Tel. 0528-842629/38, Av. Hassan II., Agadir, Tel. 0528-842629/38

Offizielle Webseiten: www.visitagadir.com, www.visitmorocco.com

Eine von vielen mächtigen Lehmburgen des Südens – das Hotel »Kasbah Ellouze« in Tamdakht.

Die Straße der Kasbahs

1

2

3

4

Berberfestungen aus dem Bilderbuch

Die Lehmburgen von Aït Benhaddou

Die Kasbahs in Marokkos Süden zählen zu den größten Touristenattraktionen des Landes. In Aït Benhaddou, UNESCO-Weltkulturerbestätte, thronen Dutzende der rotbraunen Burgen mit Ornamentverzierungen, Zinnen und Türmen stolz auf einem Hügel über dem Flussbett.

Abdoul, »Le Chakal«, wie er sich nennt, trägt die weiße Kappe frommer Muslime, Badeschlappen, ein zu großes Jackett und grinst uns zahnlos entgegen. Der stramme Achtzigjährige führt uns durch die alte befestigte Berbersiedlung von Aït Benhaddou, etwa 35 Kilometer nordwestlich von Ouarzazate. Sein Deutsch ist nur schwer verständlich, dafür haben wir bei der Führung aber umso mehr Spaß. Vom großen »Complexe Touristique La Kasbah« mit Pool und Busparkplatz im neuen Ortsteil an der Teerstraße steigen wir eine kleine Gasse bergab ins Flussbett des Oued Mellah. Von der Straße aus nicht sichtbar thront der mächtige Lehmkomplex (Ksar) am gegenüberliegenden, östlichen Flussufer vor uns: Türme mit Zinnen und Schmuckornamenten, hohe Mauern, Torbögen, Dattelpalmen und grüne Oasengärten in der ansonsten kargen, steinigen Umgebung.

Wir nähern uns einem imposanten Tor aus Lehm. Doch an manchen Stellen blitzt es weiß unter dem Verputz hervor – Styropor. Das Tor ist eine Attrappe. Die für Europäer und Amerikaner surreale, exotische Kulisse von Aït Benhaddou wurde bereits für mehr als 60 Hollywood-Filme genutzt: »Sodom und Gomorrha« (1962), »Lawrence von Arabien« (1962), »Auf der Jagd nach dem Juwel vom Nil« (1985), »Die letzte Versuchung Jesu« (1988), »Der Gladiator« (2000), »Alexander« (2004) und »Königreich der Himmel« (2005) und weitere Filme wurden hier gedreht.

Mehr als 130 000 Touristen besuchen Aït Benhaddou jährlich – entsprechend rasant entwickelte sich das Dorf. Souvenirläden mit diversem marokkanischen Kunsthandwerk, Galerien lokaler Künstler, Hotels und originelle Gästehäuser im neuen Ortsteil sowie zahlreiche offizielle und falsche Touristenführer hoffen auf Kundschaft. Der Grund für diesen Zustrom liegt auf der Hand: Aït Benhaddou ist

1 Der Mineralienverkauf an Touristen ist im ganzen Land ein einträgliches Kleingewerbe. **2** Willkommensgruß bei Tamdakht. **3** Lehmziegel finden für Ornamente und Zinnen Verwendung. **4** Aït Benhaddou, seit 1987 unter dem Schutz der UNESCO, besteht aus zahlreichen einzelnen Kasbahs – Sippenburgen, in denen Großfamilien lebten. Sie boten bis zu 80 Personen Platz zum Leben.

eines der schönsten Beispiele für die traditionelle Berberarchitektur des marokkanischen Südens.

Eine Ksar genannte größere Siedlung ist von einer rechteckigen Lehmmauer mit Ecktürmen umgeben und umfasst Wohnbauten für Großfamilien, deren Zahl von einer bis zu mehreren Hundert reichen kann. Neben dem Eingangstor steht immer eine Moschee. Die Einzelbauten aus Lehm, die *tighremts* oder Kasbahs, besitzen ebenfalls Ecktürme, haben einen quadratischen Grundriss und meist zwei, manchmal aber auch mehrere Stockwerke. Das Erdgeschoss mit Innenhof beherbergte das Vieh, während man die Räume der oberen Geschosse und auf der Dachterrasse zum Wohnen nutzte. Typisch für die Türme sind die verzierten Zinnen, die das leicht überstehende Dach aus Zweigen beschweren. Den oberen Teil der Mauern und Türme verzieren geometrische Muster: Rauten, Linien und Schachbrettmuster. Ein *ksar* diente zur Verteidigung gegen feindliche Stämme. Die verschiedenen Berberstämme standen bis ins 19. Jahrhundert hinein fortwährend miteinander im Krieg. Alle Gebäude bestehen aus ungebranntem Lehm, der in Holzverschalungen unter der Beimischung von Stroh festgestampft und getrocknet wird. Die fertigen Mauerteile werden über einander geschichtet, dazwischen kommen Querstreben.

1 Die Türme der Kasbah von Tamdakht mit den typischen Verzierungen im Lehm. **2** Vielen Lehmburgen von Aït Benhaddou droht der Verfall. **3** Souvenirgeschäft am Col du Tichka, dem Pass zwischen Marrakesch und Ouarzazate. **4** Zur Herstellung der Mauern wird der Lehm in großen Holzverschalungen gestampft und getrocknet. **5** Lehmziegel werden nicht gebrannt, sondern nur getrocknet.

4

5

Nach deren Entfernen bleiben die charakteristischen regelmäßigen Löcher zurück, die an den Stadt- und Gebäudemauern des gesamten Südens zu sehen sind. Dem unschätzbaren Vorteil der Lehmbauten – die perfekte Klimatisierung, bei der es im Sommer angenehm kühl bleibt und im Winter wohlig warm ist – steht der Nachteil der ständigen Reparaturbedürftigkeit gegenüber. Werden die Mauern nach Regenfällen nicht regelmäßig restauriert, zerrinnt das Gebäude im wahrsten Sinne des Wortes innerhalb weniger Jahre.

Heute sind die meisten *ksar* dem Verfall preisgegeben: Familien, die es sich leisten können, ziehen in moderne Wohnbauten in einem neu errichteten Dorfteil und kümmern sich nicht mehr um die Instandhaltung der alten Lehmbauten. Erst mit dem erstarkenden Tourismus setzte ein neues Bewusstsein für dieses kulturelle und architektonische Erbe ein und viele der beeindruckenden Kasbahs werden als Museen oder Gästehäuser wiederbelebt. Auch in Aït Benhaddou kann man immer mehr alte Familienkasbahs gegen geringen Eintritt besichtigen und sich die Bauweise, die Räume und die Gebrauchsgegenstände erklären lassen. Schon seit 1987 steht der Ksar von Aït Benhaddou als UNESCO-Weltkulturerbe unter Schutz, doch erst in den letzten Jahren flossen die notwendigen Gelder, um einige Häuser zu renovieren, die Gassen mit Stufen zu befestigen und die ganz oben thronende Speicherburg wiederherzustellen.

Durch ein Labyrinth aus ineinander verschachtelten Lehmruinen mit niedrigen Durchgängen und Türmen mit Storchennestern wandern wir durch schmale Gassen und über Steintreppen bergauf. Flink wie eine Gazelle springt Abdoul vorneweg. Dabei vergisst er nicht, einer älteren Touristin helfend die Hand zu reichen, 100 Kamele Brautpreis für eine junge Blondine zu bieten und einem bärtigen Mitglied unserer Gruppe scherzhaft den Namen »Alibaba« zu verpassen. Als ein Esel um die Ecke schaut, ruft er prompt nach dem »Berbertaxi«. Abdoul lebte 35 Jahre in einer Kasbah im alten Dorf, bevor auch er in den neuen Ortsteil auf der anderen Flussseite umzog. Inzwischen spricht er nur noch in der Vergangenheitsform vom traditionellen Wohnen zwischen Lehmwänden.

Bis ganz an die Spitze des Hügels steigen wir in der heißer brennenden Sonne. Oben befinden sich noch die Ruinen einer alten Speicherburg, eines *agadir*, wo Lebensmittel und Waren für die Gemeinschaft gelagert wurden. Hier bietet sich ein fantastischer Blick auf das grüne Band des Flusses, die braunen Steinhügel und Siedlungen der Umgebung. Auf dem Friedhof auf der anderen Hangseite

1 und **3** Das Hotel »Kasbah Ellouze« in Tamdakht bei Aït Benhaddou orientiert sich an der traditionellen Lehmarchitektur. **2** Spaziergang durch den *ksar* von Tamdakht. Der Ort war einst Residenz des Paschas al Glaoui, der überall im Süden seine Spuren in Form repräsentativer Bauten hinterließ. **4** Auch bei Nacht eine majestätische Ruine: die reich mit Ornamenten geschmückte Kasbah in Tamdakht. **5** Die Passstraße über den Tizi-n-Tichka verbindet Marrakesch mit Aït Benhaddou.

markieren niedrige Steine am Kopf- und am Fußende die Gräber; die Verstorbenen wurden mit dem Gesicht nach Mekka bestattet. Beeindruckt von den rotbraunen Festungen, deren Türme in den stahlblauen Himmel streben, steigen wir wieder hinunter und genießen einen frisch gepressten Orangensaft auf der Dachterrasse eines Cafés.

Nur wenige Kilometer weiter auf der Teerstraße folgt das Dorf Tamdakht. Hier thront eine eindrucksvolle Befestigungsanlage am Fluss. Sie war einst eine der vielen Burgen des mächtigen Berberfürsten Thami al Glaoui im 19. Jahrhundert. Über viele Jahrzehnte hinweg verfielen jedoch die Lehmmauern. Erst in den letzten Jahren renovierte man einen Teil, als eine italienische TV-Produktionsfirma diesen für eine Reality-Show nutzte: Mehrere Monate mussten die

Teilnehmer in dieser Kasbah leben. Heute besiedeln im größten Teil des Komplexes allerdings Tauben, Falken, Blauracken, Eulen und Störche die zinnenbewehrten Türme.
Um das Leben in einer Lehmburg einmal zu testen, muss man zum Glück nicht erst an einer Fernsehshow teilnehmen. Denn direkt neben dem Komplex befindet sich die »Kasbah Ellouze«, die von dem gastfreundlichen französischen Paar Michel und Colette Guillen geleitet wird. Sie verliebten sich bei ihrem ersten Besuch in diesen malerischen ruhigen Ort und beschlossen, ein traditionelles Lehmhaus zu kaufen und zu renovieren. Sie betreiben es heute als Hotel.
Neun sehr hübsche große Zimmer im rustikalen Berberstil mit Balkon, Bad und Klimaanlage bieten den nötigen Komfort. Von den Dachterrassen und Zimmern eröffnet sich eine herrliche Aussicht auf die Burganlage von Tamdakht und die Storchennester. Kühle, heimelige Salons im Erdgeschoss eignen sich bestens zum Verschnaufen nach einem anstrengenden Rundgang. Hier kann man sich mit Vollpension rundum verwöhnen lassen und dennoch ein Stück authentisches Oasenleben erfahren. In der Umgebung sind wunderschöne Wanderungen zu Fuß, mit dem Muli oder Kamel möglich.

Zeit für Aït Benhaddou

Anreise und beste Reisezeit

Flug: Flughafen in Ouarzazate. Verbindungen mit Royal Air Maroc über Casablanca.

Bus: Von Ouarzazate Ri. Tizi-n-Tichka bis zur Kreuzung in Tabourath, dann per Anhalter oder Taxi.

Auto: Von Ouarzazate 30 Kilometer Teerstraße (N9), von der Passstraße Marrakesch–Tizi-n-Tichka–Ouarzazate zweigt eine Teerstraße über Telouèt nach Aït Benhaddou ab.

Beste Reisezeit: Ganzjährig.

Unterkunft

Kasbah Ellouze, Tamdakht (6 km von Aït Benhaddou), Tel.: 0524-890459, www.kasbahellouze.com. Große, klimatisierte Zimmer in einer stilecht renovierten Kasbah. DZ 86 Euro, Suite 124 Euro.

Dar Mouna, Aït Benhaddou, Tel.: 0528-843054 oder Mobil 0661-385720, www.darmouna.com. Hübsches Gästehaus mit klimatisierten Zimmern (ab 65 Euro) mit Blick auf den Pool oder das Lehmdorf, herrliche Aussicht von der Terrasse.

Sehen und erleben

Berberarchitektur in Perfektion: die verschachtelten Ksour von Aït Benhaddou und Tamdakht.

Wanderungen und Kamelausflüge entlang des Oued Mellah und in der Umgebung.

Ziele in der Umgebung

Telouèt mit der Kasbah Dar Glaoui, in der ersten Hälfte des 20. Jahrhunderts Herrschaftssitz des Paschas Thami al Glaoui.

Passstraße über den Tizi-n-Tichka (2260 m) nach Marrakesch.

Ouarzazate, Drâa- und Dadès-Tal.

Information

Délégation du Tourisme, Av. Mohamed V., Ouarzazate, Tel. 0524-882485. Offizielle Webseite: www.visitmorocco.com

5

1

2

3

Kulissen in der Wüste

Filmlocation Ouarzazate

Die Stadt zwischen Hohem Atlas und der Wüste ist nicht nur zentraler Ausgangspunkt für Touren in den Süden Marokkos, sondern auch Drehort zahlreicher Hollywoodfilme.

Die rotbraunen Häuser mit weiß abgesetzten Zinnen auf den Mauern, der hübsche Hauptplatz Place du 3 Mars mit Springbrunnen, die palmengesäumte Fußgängerzone Rue du Marché mit den Souks und das prunkvolle Hotelviertel verleihen Ouarzazate das Ambiente einer Touristenstadt im Kasbah-Stil. Aber das war nicht immer so: Die ehemalige Militärstadt Ouarzazate mit heute 158 000 Einwohnern änderte in den 1980er-Jahren radikal ihr Gesicht.

Damals wählte man sie als künftiges Zentrum des Wüsten- und Rundreisetourismus in Südmarokko aus und errichtete ein großes feines Hotelviertel mit Luxusunterkünften. Täglich landen heute Maschinen aus Casablanca auf dem kleinen Flughafen in Ouarzazate und bringen Touristen. Die Verbleibdauer der meisten Reisenden ist zwar eher kurz, aber in einem Punkt ging der einstige Plan auf: Ouarzazate ist heute die zentrale Drehscheibe für den organisierten Tourismus und Ausgangspunkt für Touren zu den Sehenswürdigkeiten des Südens. Die Straße der Kasbahs, Aït Benhaddou, die Todhra- und Dadès-Schlucht, die Dünengebiete bei Merzouga und M'hamid sind auf gut ausgebauter Teerstraße von hier aus erreichbar.

Die Hauptsehenswürdigkeit befindet sich im Osten von Ouarzazate und steht vor der Weiterreise auf jedem Touristenprogramm: der Besuch der Kasbah Taourirt. Die Lehmburg war Anfang des 20. Jahrhunderts Wohnsitz des prunksüchtigen Paschas al Glaoui von Marrakesch. Durch ein Tor betritt man von der Straße aus das Palastgebäude aus Lehm mit seinen schmiedeeisernen Gitterfenstern und geometrischen Mauerornamenten.

Während das Äußere des Palasts in traditioneller Lehmarchitektur gestaltet ist, zieren das vor einigen Jahren renovierte Innere eher maurische Stilelemente wie Stuckornamente und gebrannte Kacheln. Hinter der Kasbah Taourirt erstreckt sich das ummauerte Kasbahviertel, dessen verschachteltes System aus zum Teil überdachten Gassen und Lehmbauten einst einem ganzen Stamm Schutz vor Angreifern bot. Heute wohnt hier vorwiegend die ärmere

1 Das Luxushotel »Bérbère Palace« imitiert die traditionelle Lehmarchitektur einer Kasbah. **2** Stolzer Besitzer mehrerer Chamäleons. **3** Innenräume der Kasbah Taourirt. **4** In den Atlas-Filmstudios bewundern Besucher die Kulissen diverser Hollywoodfilme.

1, **2** und **5** Die Einrichtung des »Dar Kamar« in einem alten Lehmhaus der Kasbah vermischt marokkanische mit schwarzafrikanischen Elementen. **3** Waschbecken aus Fossilienstein im Hotel »Dar Kamar«. **4** Modern und mit allem Luxus ausgestattet: das »Bérbère Palace«. Hier stieg schon mancher Filmstar ab.

Bevölkerung der Stadt, einige Souvenirhändler buhlen um Kundschaft, Kinder bieten sich als Führer an. Kommt man aus dem blitzsauberen Touristenviertel mit seinen 4-Sterne-Hotels hierher, wähnt man sich in einer anderen Welt und schnuppert etwas authentisches Marokko.

Mitten im Labyrinth der alten Lehmhäuser liegt »Dar Kamar«. In einem historischen Gerichtsgebäude aus dem 17. Jahrhundert richteten die Spanier Juan Antonio und Carmen mit traditionellen Handwerkstechniken und vielen eigenen Ideen ein ganz besonderes Gästehaus ein. Die Lehmwände mit Nischen für afrikanische Masken und Skulpturen, die Bambus-Deckenverkleidung mit geometrischen Mustern, die orientalischen Lampen und die Fotos vergangener Abenteuerreisen durch ganz Afrika sowie etliche originelle Details verleihen dem »Haus des Mondes« eine rustikale Eleganz. In den individuell gestalteten Zimmern mit knallbunten Bädern, Waschbecken aus Fossilienstein und Berberteppichen fühlt man sich wie in einer wohligen Höhle.

Absolutes Highlight sind jedoch die durch eine Brücke miteinander verbundenen Dachterrassen: Von hier genießt man einen fantastischen Ausblick über die Dächer des Kasbah-Viertels, auf die Oasengärten am Oued Ouarzazate sowie die Burg Taourirt mit Storchennestern auf den Zinnen. Im kleinen Berberzelt sitzt man gemütlich im Schatten und vertieft sich in ein gutes Buch oder schlürft einen *thé à la menthe*.

Aber Ouarzazate ist nicht nur ein modernes Touristenzentrum mit Hotels, Supermärkten, Autovermietungen, Reiseagenturen und Restaurants. Neben Marrakesch ist die Stadt *die* Filmmetropole Marokkos, wo sich schon jegliche Prominenz aus Hollywood eingefunden hat. Bernardo Bertolucci, Martin Scorsese, Orson Welles und Alfred Hitchcock sind nur einige der zahlreichen berühmten Regisseure, die sich das nordafrikanische Land als Drehort auswählten.

Entsprechend lang ist die Filmografie: Es begann mit Hitchcocks »Der Mann, der zu viel wusste« im Jahr 1956. Es folgten, um nur die bekanntesten zu nennen: »Lawrence von Arabien« (1962), »Auf der Jagd nach dem Juwel vom Nil« (1985), »Himmel über der

Wüste« (1990), sämtliche Folgen von »Die Bibel« (1994–1999), »Kundun« (1997), »Die Mumie« (1999), »Alexander« (2004), »Asterix & Obelix: Mission Kleopatra« (2002), »Königreich der Himmel« (2005) und »Die Päpstin« (2009).

Marokko eignet sich in vielerlei Hinsicht gut als Drehort für internationale Produktionen: Statisten sind in großer Zahl, kurzfristig und günstig zu beschaffen. Die landschaftliche Vielfalt und Exotik sind als Setting für viele Filme interessant. Außerdem unterstützt der marokkanische Staat gezielt den Ausbau der Infrastruktur für die Filmindustrie und Drehgenehmigungen werden relativ unbürokratisch erteilt. Nach offiziellen Angaben werden derzeit jährlich etwa 700 ausländische Filme in Marokko gedreht.

In Ouarzazate bieten inzwischen drei Filmstudios unterschiedliche Kulissen und Dienstleistungen an. Das bekannteste ist das Atlas-Filmstudio vor dem westlichen Stadteingang. Sofern nicht gerade gedreht wird, haben interessierte Cineasten die Möglichkeit, die Studios zu besichtigen. Einige der Kulissen sind zwar schon recht verstaubt oder verfallen. Aber es macht Spaß, Gebäude und Requisiten aus bekannten Filmen wiederzuerkennen und sich zu wundern, wie die bemalten Gipsfassaden und Holzkonstruktionen im Film so echt aussehen konnten.

Zeit für Ouarzazate – Kulissen in der Wüste

Anreise und beste Reisezeit

Flug: Mit Royal Air Maroc über Casablanca.

Bus: Täglich Busse von Agadir, Zagora, Tinerhir, Casablanca, Marrakesch.

Auto: Über den Pass Tizi-n-Tichka (2260 m) von Marrakesch (N9, 204 km) oder über die »Straße der Kasbahs« von Errachidia (N10, 303 km).

Beste Reisezeit: Oktober bis Mai.

Unterkunft

Dar Kamar, 45, Kasbah Taourirt, Zufahrt ins Kasbah-Viertel links des Kasbah-Eingangs, Tel.: 0524-888733, www.darkamar.com. Das Interieur dieses historischen Lehmhauses aus dem 17. Jahrhundert verbindet Schwarzafrika mit dem Orient. Grandiose Aussicht von der Dachterrasse. Zimmer ab 120 Euro, Suite ab 240 Euro.

Le Bérbère Palace, Bd. Mansour Eddahabi, Tel. 0524 88 31 05, www.ouarzazate.com/leberberepalace. In diesem 5-Sterne-Hotel mit erstklassigem Service ist schon mancher Filmstar abgestiegen, umfangreiches Sport- und Wellnessangebot. Zimmer ab 220 Euro.

Sehen und erleben

Kasbah Taourirt: eine der bekanntesten Lehmburgen des Landes.

Besichtigung der Kulissen internationaler Produktionen in den Atlas Filmstudios.

Musée du Cinéma: gegenüber der Kasbah Taourirt, Kulissen und Geschichten zur Filmstadt Ouarzazate, täglich geöffnet 8.30–12.30 und 14.30–18.30 Uhr.

Kasbah Tiffoultoute an der Straße Richtung Zagora (etwa 10 km) mit toller Aussicht.

Ziele in der Umgebung

Ausflug zur Palmenoase Fint (etwa 15 km).

Kasbahs in Aït Benhaddou und Telouèt, Palmenoase Skoura an der Straße der Kasbahs, Todhra- und Dadès-Schlucht, Drâa-Tal (siehe auch in den jeweiligen Kapiteln).

Passfahrt durch den Hohen Atlas nach Marrakesch.

Information

Délégation du Tourisme, Av. Mohamed V., Ouarzazate, Tel. 0524-882485.

Offizielle Webseite: www.visitmorocco.com

Infos über die Filmstudios: www.cla-studios.com

1

2

3

4

Die Straße der 1001 Kasbahs

Durch das Dadès-Tal

Diese Route mit herrlichen Ausblicken auf Dattelpalmenhaine, Oasendörfer und Lehmburgen ist eine der meistbefahrenen Marokkos. Ein Ausflug in die spektakuläre Dadès-Schlucht am Südrand des Hohen Atlas gehört zum touristischen Pflichtprogramm.

Auf keinem Reiseprospekt und in keiner Imagewerbung für Marokko darf ein Bild der Kasbahs fehlen, der imposanten Lehmburgen der Berber im Süden Marokkos. Auf der 170 Kilometer langen Hauptverbindungsstrecke zwischen Ouarzazate und Tinerhir, die am Dadès-Fluss entlangführt, gibt es so viele davon, dass diese Route den tourismuswirksamen Namen »Straße der 1001 Kasbahs« erhielt. Viele der Kasbahs und der befestigten Lehmdörfer, der *ksour* – werden nicht mehr instand gehalten und verfallen leider nach jedem Regen ein bisschen mehr. Denn wenn nicht jedes Jahr im Frühjahr und nach starken Niederschlägen der Verputz ausgebessert wird, zerfallen die fragilen Mauern aus Lehm und die Decken stürzen ein. Erst allmählich besinnen sich die Bewohner des Südens auf dieses kulturelle Erbe und renovieren einige der Wehr- und Wohnburgen mit Originalmaterialien und -techniken.

Die Reise beginnt man am besten in Ouarzazate, wo sich die meisten Besucher in der berühmten Kasbah Taourirt des Paschas al Glaoui (1878–1956) schon mal einen – wenn auch im Vergleich zu den ländlichen Wohnburgen keinen allgemeingültigen – Eindruck vom Wohnen in einer Kasbah machen können. Durch die karge Steinwüste führt die Route weiter nach Skoura, etwa 40 Kilometer östlich von Ouarzazate.

In dieser hübschen Oase aus mehreren Lehmdörfern mit typischer Oasenbewirtschaftung trotzen noch einige Kasbahs dem Verfall. Entlang des Asphalts reihen sich moderne Betonhäuser, deren Komfort die Oasenbewohner den ständig pflegebedürftigen Lehmgemäuern oft vorziehen. Eine Burg direkt an der Straße fällt sofort ins Auge: die »Kasbah Aït Ben Moro«. Die netten Spanier Juan und Lucasia restaurierten die Lehmburg aus dem 18. Jahrhundert und verwandelten sie in ein ganz besonderes Hotel. In den 13 beheizbaren Zimmern mit Berberteppichen, kleinen Fenstern mit schmiedeeisernen Gittern und der traditionellen hölzernen De-

1 Mohnfeld in der Dadès-Schlucht. **2** Kelâa M'Gouna ist bekannt für die Herstellung von Rosenöl. **3** Familie in Kelâa M'Gouna. **4** Als grünes Band windet sich der Dadès durch den Hohen Atlas.

ckenverkleidung fühlt man sich auf Anhieb wohl. Die Terrasse im Garten eignet sich am besten für ein Gläschen marokkanischen oder französischen Weins, während die Sonne über der Oase untergeht. Durch die Luken der zinnenbewehrten Dachterrasse eröffnet sich ein eindrucksvoller Blick über den gesamten Palmenhain, den verschneiten Hohen Atlas und die Steinwüste rundum.

Kurz hinter der »Kasbah Aït Ben Moro« biegt eine kleine Piste links ab ins steinige Oued. Direkt am Ufer, am Rand der Oasengärten thront die Kasbah Amerdihil. Als eine der schönsten und sehenswertesten Lehmburgen Marokkos ist sie auf den alten 50-Dirham-Scheinen verewigt. Gegen ein Trinkgeld führt ein Mitglied der Familie Naciri kompetent und informativ in etwa einer halben Stunde durch die wundervoll renovierte Anlage. Bis 1975 lebte die Großfamilie Naciri in ihrem Haus aus dem 17. Jahrhundert, dann zogen die meisten Angehörigen nach Casablanca.

Bis vor einigen Jahren stand der Lehmbau noch leer und verfiel. Eine Führung durch die Etagen veranschaulicht das frühere Leben in dem Haus. Im ersten Stock befindet sich die Kochstelle mit einem breiten Licht- und Luftschacht zu einer der Dachterrassen, der auch als (vom Führer scherzhaft so genanntes) »Berbertelefon« diente, um mit den Personen in der oberen Etage zu kommunizieren. Die Dachterrassen auf unterschiedlichen Niveaus wurden je nach Jahreszeit wechselnd zum Aufenthalt und zum Schlafen genutzt.

Auf der oberen Terrasse befinden sich in einem Turm Gemächer für den Imam, darunter ein Gebetsraum. Die oberen Mauerabschnitte und Ecktürme der Kasbah zieren die typischen geometrischen Ornamente, denen mystische Wirkung zur Geisterabwehr zugeschrieben wird. Die tragenden unteren Mauerteile bestehen aus großen Stampflehmblöcken, die Zinnen dagegen aus einzelnen Lehmziegeln. Die Decken werden von Palmenbalken getragen und sind mit kunstvoll zu Rautenmustern zusammengesetzten Bambusstangen – dem *tataoui* – verkleidet.

Ein kleines Museum im Erdgeschoss zeigt alte Gebrauchsgegenstände wie Wasser- oder Milchbehältnisse, eine Olivenölpresse, Sättel, Schlösser, Töpfe und vieles mehr. Zum Abschluss darf der Gast noch einen süßen Tee in dem schönen Innenhofgarten schlürfen. Wer ein bisschen Zeit mitbringt, kann von hier aus lange Spaziergänge in den riesigen Palmenhain unternehmen, das ruhige Leben in den Oasengärten beobachten und noch mehr Lehmburgen entdecken.

4

1 Blick auf die Oase Boumalne du Dadès am Dadès-Fluss. 2 Die Bergstraße durch die Dadès-Schlucht bis nach Imilchil ist nach Unwettern immer wieder unterbrochen. 3 Am Ufer des Dadès wachsen Getreide, Obst, Pappeln und Palmen. 4 »Affenpfoten« genannte Felsformationen und verfallene Lehmburgen in der Dadès-Schlucht.

Nach der Fahrt durch wüstenhafte, öde Gegend führt die Straße vor der Oase Kelâa M'Gouna ins grüne Dadès-Tal mit Dattelpalmen, Feldern und Lehmruinen. Hier mündet der Fluss Assif M'Goun in den Dadès. Auf einem erhöhten Felsen liegt eine weitere der vielen Burganlagen des Paschas al Glaoui. Mehrsprachige Werbetafeln mit »Rosenöl, Rosenwasser, Rosenparfum« an jeder Ecke lassen ahnen, wofür Kelâa M'Gouna besonders bekannt ist. Hier und im »Vallée des Roses« Richtung Norden wachsen unzählige, duftende Rosen, die zu Rosenwasser und Rosenöl verarbeitet werden.

Boumalne du Dadès, das Markt- und Verwaltungszentrum der Region, liegt 115 Kilometer nordöstlich von Ouarzazate zwischen den kahlen Berghängen des Hohen Atlas im Norden und den schwarzbraunen Formationen des Djebel Saghro im Süden. Der idyllisch am Dadès gelegene und von mächtigen Lehmburgen umgebene Ort ist ein Zentrum der im Süden verbreiteten, nomadisierenden Berberkonföderation Aït Atta. Die heute sesshaften Bewohner leben von der Landwirtschaft im Terrassen- und Bewässerungsfeldbau. Von der in Richtung Tinerhir ansteigenden Straße bietet sich ein wunderbarer Ausblick auf das rosafarbene Häusermeer, den großen Marktplatz (Wochenmarkt am Mittwoch), den grünen Flusslauf und einen Friedhof am Stadtrand. Wer hier unterkommen möchte, kann sich im Hotel »Kasbah Tizzarouine« mit prächtigem Panorama einquartieren.

In Boumalne verlässt der im Hohen Atlas entspringende Dadès-Fluss das Gebirge und fließt weiter Richtung Südwesten. Bei Ouarzazate staut ihn schließlich die El-Mansour-Eddahabi-Talsperre zu einem großen See, der die Wasserversorgung der Region sichert und den in die Sahara verlaufenden Drâa-Fluss speist. Nördlich von Boumalne windet sich der Fluss durch eine der eindrucksvollsten Schluchten des Landes: die Gorges du Dadès.

Bis Msemrir führt eine Teerstraße die Schlucht hinauf in den Hohen Atlas, dann geht es nur noch mit dem Geländewagen weiter in die abgelegenen fantastischen Berglandschaften um Imilchil. Bei Schnee oder Überschwemmungen kann die ganze Strecke un-

1 und **2** Das Hotel »Kasbah Tizzarouine« in Boumalne du Dadès bietet komfortable Unterkunft im Kasbahstil. **3** Folklore auf dem alljährlichen Rosenfest in Kelâa M'Gouna. **4** Stolz auf einem Hügel thronende Kasbah im Dadès-Tal bei Boumalne. **5** Ideale Basis für Ausflüge im Flusstal: »Auberge des Gorges de Dadès«.

befahrbar sein. Eine imposante Rundfahrt über Agoudal am Nordende der Schlucht führt in die Todhra-Schlucht und endet in Tinerhir auf der Hauptstraße. Zwei Kilometer vor Boumalne zweigt die Route in den »Grand Canyon« Marokkos ab. Schon auf den ersten Kilometern schraubt sich die Straße in weiten Kehren bergauf. Der Dadès windet sich in Mäandern durch das Tal, umgeben von einem grünen Band aus Pappeln, Feigen- und Obstbäumen, Getreidefeldern und Palmen. Die Landschaft könnte nicht kontrastreicher und eindrucksvoller sein: stahlblauer Himmel, saftig grüne Felder, bizarr erodierte Berge aus Mergel- und Kalksteinschichten, Kasbahs und Dörfer aus rotem Lehm an den braunen Felshängen. Entlang der Straße reihen sich moderne Wohnhäuser, familiäre Herbergen und Restaurants mit Ausblick ins Tal. Nach etwa 18 Kilometern fallen gigantische, bizarre Felsformationen an

der anderen Flussseite auf. Die wie riesenhafte Daumen über dem grünen Flusstal in den Himmel ragenden roten Formationen erhielten den Spitznamen »Affenpfoten«. Einfallsreiche Händler veranlassen mit in den Parkbuchten aufgestellten, selbstgebastelten und lebensgroßen Figuren von Gazellen, Kamelen und Menschen die vorbeifahrenden Touristen zu einem Fotostopp – und einem Blick auf ihr Souvenirangebot.

Einige Kilometer weiter erreicht die Straße im Ort Aït Oudinar wieder den Fluss. Von der dortigen Herberge mit netten Zimmern im Berberstil lohnt sich eine etwa dreistündige Wanderung auf einen Aussichtshügel. Vorbei an Wohnhöhlen der Nomaden geht es in eine spektakuläre schmale Nebenschlucht des Dadès. Zwischen senkrechten Felswänden endet die Tour bei Aït Ouffi an der engsten Passage der Dadès-Schlucht.

Bei den Herbergen »Tissadrine«, »La Gazelle« und »La Kasbah de la Valée« erheben sich die Felswände in schwindelerregende Höhen. Der Gebirgsfluss und die an dieser Stelle häufig überschwemmte Straße zwängen sich auf wenigen Metern Breite durch die Schlucht. Dahinter, wo sich das Tal wieder etwas weitet, führt die Straße in engen Serpentinen weiter steil bergauf durch die karge, braune Canyonlandschaft des Dadès.

Zeit für Durch das Dadès-Tal

Anreise und beste Reisezeit

Flug: Mit Royal Air Maroc über Casablanca nach Ouarzazate.

Bus: Busse in die Dadès-Schlucht ab Boumalne du Dadès. Mehrmals täglich Verbindungen zwischen Ouarzazate und Tinerhir.

Auto: 115 Kilometer gute Straße (N10) von Ouarzazate nach Boumalne, von Erfoud bis Boumalne etwa 200 Kilometer (R702, N10).

Beste Reisezeit: Frühjahr, Spätsommer und Herbst.

Unterkunft

Kasbah Aït Ben Moro, Douar Taskoukamte/Skoura, Tel./Fax: 0524-852116, www.aitbenmoro.com. Gemütliche Zimmer (ab 45 Euro/Person mit HP) in einer authentisch renovierten Kasbah.

Kasbah Tizzarouine, Boumalne du Dadès, Tel.: 0524-830690, www.terremaroc.com. Großes Kasbah-Hotel mit Pool und wunderbarer Aussicht ins Tal von der Terrasse. Zimmer/Suite 40 bis 80 Euro (je nach Saison).

Auberge des Gorges de Dadès, in Ait Oudinar (ca. 25 km von Boumalne in der Dadès-Schlucht), Tel. 0524 830221, www.auberge aitoudinar.com. Einfache, aber liebevoll gestaltete Herberge direkt am Fluss. Ausgangspunkt für eine ca. dreistündige Wanderung in eine Nebenschlucht des Dadès.

Sehen und erleben

Wanderungen in den Dattelpalmenhainen und durch die Oasengärten.

Besichtigung der Kasbahs, Fahrt durch die Dadès-Schlucht und Wanderungen in der Umgebung.

Fête des Roses: großes Fest zur Rosenernte im Mai in Kelâa M'Gouna.

Kasbah Amerdihil: eine der schönsten Kasbahs in Marokko.

Ziele in der Umgebung

Tinerhir und Todhra-Schlucht, Ouarzazate, Aït Benhaddou, Drâa-Tal, Djebel Saghro (siehe in den jeweiligen Kapiteln).

Information

Délégation du Tourisme, Av. Mohamed V., Ouarzazate, Tel. 0524-882485.

Offizielle Webseite: www.visitmorocco.com

5

1

2

3

4

Schluchten, Quellen und Oasen

Tinerhir und Todhra-Schlucht

Die Verlängerung der »Straße der 1001 Kasbahs« führt von Boumalne du Dadès weiter in Richtung Osten zur palmengesäumten Oase Tinerhir mit einem Abstecher in die grandiose Todhra-Schlucht und nach Tinejdad, wo es alte Lehmarchitektur, Berberkultur und türkisblaue Quellen zu bestaunen gibt.

Ab dem Ort Tamtattouchte zwängt sich der im Hohen Atlas entspringende Todhra-Fluss durch eine enge Schlucht Richtung Süden. Palmen mit Dolden voller Datteln, rosa blühender Oleander und Feigenkakteen gedeihen am Ufer. Auf schmalen Pfaden weit oben am Abbruch klettern Ziegen. Die rotbraunen Felswände ragen auf beiden Seiten des Todhra senkrecht in den blauen Himmel. Der Versuch, die Höhe abzuschätzen, scheitert an der Perspektive: Beim Blick nach oben scheinen sich die Wände immer mehr nach vorne zu neigen. Mountainbiker, Kletterer und Wanderer finden hier eine grandiose Kulisse für ihren Sport.
Die Teerstraße drückt sich an der engsten, spektakulärsten Stelle bei den Hotels »Yasmina« und »des Roches« direkt neben dem Gebirgsfluss an die Steilwand. Bei Hochwasser ist hier Schluss, dann reißt der Fluss auch mal den halben Straßenbelag mit sich. Bei Trockenheit springen an manchen Tagen scharenweise Touristen aus den Bussen. Sie spazieren entlang der Straße durch die Schlucht oder halten ihre Füße ins kühle Nass. Ein Stück weiter südlich bei Tizgui sprudelt Wasser in ein glasklares Becken mit Fischen: die »Source des Poissons Sacrés«, die »Quelle der heiligen Fische«. Sie speist, neben anderen Quellen, den unteren Lauf des Todhra. Der Fluss verlässt bei Tinerhir den Hohen Atlas, wo er in eine große Palmenoase übergeht und weiter Richtung Osten fließt.
Die Kreis- und Verwaltungsstadt Tinerhir, auf 1342 Metern Höhe zwischen den Bergen des Hohen Atlas und dem Djebel-Saghro-Massiv gelegen, besteht aus 25 Dörfern. Tinerhir ist eine der größten Flussoasen des Landes und viele der hier heimischen Chleuh-Berber leben noch immer vom traditionellen Oasenfeldbau. Besonders beeindruckend zeigt sich die Fruchtbarkeit des Tals kurz nach dem Abzweig in Richtung Schlucht. Hier eröffnet sich ein wunderbarer Ausblick auf die leuchtend grünen Gärten am Todhra-

1 Lehmzinnen einer Kasbah bei Tinerhir. **2** Antiker Kaftan im »Musée des Sources Lalla Mimouna« bei Tinejdad. **3** Die klaren Quellen von Lalla Mimouna bei Tinejdad. **4** Eine der spektakulärsten Strecken im Hohen Atlas führt durch die Todhra-Schlucht.

1

2

3

Fluss zwischen den schroffen braunen Bergen: Dattelpalmen, Mandel-, Granatäpfel-, Pflaumen-, Feigen-, Pfirsich- und Aprikosenbäume, Gemüse, Minze und Kürbisse. Ein Rundgang durch die mit einem System aus Kanälen bewässerten Gärten ermöglicht einen Einblick in diese uralte Wirtschaftsform. Neben der Landwirtschaft spielt der Tourismus eine immer größere Rolle für die Bevölkerung. Die auffällig großzügigen, neu gebauten Häuser im ganzen Tal zwischen Tinerhir und Ouarzazate entstanden jedoch auch dank einer anderen Quelle: Fast jede Familie hat einen beispielsweise in Frankfurt, Düsseldorf oder Paris arbeitenden Cousin, Bruder, Neffen oder auch eine mit einem Deutschen verheiratete Tochter.
Der Geldtransfer von in Europa arbeitenden Marokkanern nach Marokko ist eine der wichtigsten – wenn nicht die wichtigste – Deviseneinnahmequellen des Landes. Wer von Tinerhir aus die Umgebung mit ihren Kasbahs, Schluchten, Quellen, Oasengärten und Flusstälern erkunden möchte, ist im »Hotel Tomboctou« unter Schweizer Führung richtig aufgehoben. Von außen nicht sichtbar verbirgt sich hinter grauen unverputzten Mauern eine kastenförmige Festung mit vier zinnenbewehrten Türmen. Am Pool im schönen Garten lässt es sich herrlich entspannen, die Ruhe genießen und bei einem Minztee abwarten, bis die Tajine serviert wird. Die

4

5

kleinen, zum Teil klimatisierten Zimmer gruppieren sich auf mehreren Etagen um den Innenhof der mehr als 60 Jahre alten Kasbah. Sie sind einfach im Berberstil dekoriert, die schmiedeeisernen Fenstergitter werfen schnörkelige Schatten auf die dicken Lehmwände.

Doch was hat Timbuktu mit Tinerhir zu tun? Tinerhir war wie das historische Sijilmassa bei Erfoud zwischen dem 8. und 16. Jahrhundert ein Haltepunkt der Karawanen von Timbuktu nach Marrakesch und Fès. Dieses Thema nahm sich das Hotel »Tomboctou« zum Motto: Jedes Zimmer ist nach einem Ort auf einer alten Karawanenroute benannt, dessen Geschichte kurz erklärt wird.

Etwa 50 Kilometer weiter östlich an der Hauptstraße, wenige Kilometer vor Tinejdad, weist ein von Fahnen flankiertes Schild mitten in der kahlen Wüste zu den *»Sources, Musées, Galeries d'Art«*. Auf einem großen, ummauerten Gelände befindet sich das Freiluftmuseum von Zaïd Abbou. Der perfekt Deutsch sprechende Philosoph und Künstler, der in Heidelberg studierte, empfängt seine Gäste persönlich. Schon aus seinen einführenden Worten hört man, dass es sich bei diesem Museum um eine wahre Herzensangelegenheit handelt. Gegen harte Widerstände in seinem Heimatdorf Tinejdad kämpfte Zaïd darum, die fünf Quellen von Lalla Mimouna auf diesem

1 Steile Felswände begrenzen die Todhra-Schlucht an ihrer engsten Stelle. **2** Die Palmenoase von Tinerhir am Todhra-Fluss. **3** und **4** Der alte Ksar el Khorbat bei Tinejdad ist durchzogen von schmalen kühlen Gassen. **5** Teppichweberin in der Association von El Khorbat.

Fleck Wüste zu retten. Weil das Wasser mineralien- und gashaltig ist, eignet es sich weder zur Bewässerung noch als Trinkwasser. Entsprechend wurde es von den Menschen vernachlässigt: Das Quellwasser versickerte, die Stelle vermüllte und verwahrloste. Zaïd kaufte das Grundstück, fasste die glasklaren, wunderschönen Quellen in Steinbecken ein und gestaltete rund herum ein Museum, das im Jahr 2005 eröffnete. Sein Ziel: die Menschen der Region für Umweltthemen zu sensibilisieren, Kultur zu vermitteln und die Quellen nachhaltig zu schützen.

Mit leuchtenden Augen führt der Künstler durch das große Areal, in dem Palmen, Oleander und Olivenbäume gedeihen. In mehreren Pavillons sind Exponate zu verschiedenen Themenschwerpunkten ausgestellt. Zaïds Wissen über die Ausstellungsstücke und die damit verbundene Geschichte und Kultur lässt seine Begeisterung direkt auf den Besucher überspringen. Im Wassermuseum in der

1 und **5** Gemütliches Zimmer im »Maison d'Hôtes El Khorbat«.
2–4 Im Hotel »Tomboctou« in Tinerhir mit schönem Garten und kleinem Pool im Innenhof wohnt man in einer alten Lehmburg.

Mitte des Geländes sprudelt türkisfarbenes Wasser aus dem Boden in ein großes Steinbecken. Im Kunsthandwerk- und Handschriftenmuseum offenbart sich eine unglaubliche Vielfalt an zum Teil jahrhundertealten Sammlerstücken, fein säuberlich angeordnet und in Vitrinen aufbewahrt. Bei den Handschriften zählt ein auf Arganienholz festgehaltener Vertrag und ein auf Gazellenhaut geschriebener Stammbaum zu den beeindruckendsten Stücken. Am Ende des Rundgangs informiert Zaïd seine Gäste bei einem Glas Tee über die von ihm geschaffene Gesellschaft zum Schutz der Quellen.

Mit dem Verkauf von Malereien, Kalligrafien, Skulpturen und anderen Werken in einem kleinen Verkaufsraum möchte Zaïd die Arbeit lokaler Künstler fördern. Schließlich lädt er noch zu einem Besuch in seiner Galerie im Ortszentrum von Tinejdad ein. Dort verwandelte er Räume seines Privathauses auf mehreren Stockwerken in eine Kunsthandwerksausstellung (mit Verkauf): Schmuck, Töpferwaren, Hausrat, Bücher, Fotos – eine Sammlung, wie sie kaum ein staatliches Museum in Marokko zu bieten hat.

Und nicht genug der Museen in diesem auf den ersten Blick so unscheinbaren Wüstenort. Drei Kilometer vor Tinejdad zweigt eine staubige Piste ab zum Ksar El Khorbat Oujdid zwischen Dattelpalmen und Oasengärten. Hier richtete der Spanier Roger Mimó in drei alten, renovierten Lehmhäusern ein »Musée des Oasis« ein. Übersichtlich und anschaulich werden mit Exponaten, Karten und Modellen Lebens- und Wirtschaftsweisen sowie Traditionen der Berberstämme in den Flussoasen von Dadès, Drâa und Ziz in vier Sprachen erklärt. El Khorbat zählt zu den Ferkla-Oasen, in denen Berber vom Stamm der Aït Merghad leben, die im 19. Jahrhundert die Aït Atta von hier vertrieben.

Ein Rundgang durch den alten Dorfkern verschafft eine Vorstellung vom jahrhundertelang gelebten Alltag im Ksar El Khorbat: Schmale, schnurgerade und rechtwinklig zueinander angeordnete Gassen, beidseitig begrenzt von dicken, bröckelnden Lehmmauern, führen durch die Siedlung aus dem 19. Jahrhundert. Der ganze Komplex aus fensterlosen Mauern und mit Palmbalken gestützten, dunklen Gängen erinnert an Bergwerksstollen – ein bisschen unheimlich und ausgestorben, aber auch faszinierend und mystisch. Nur an

den nicht überdachten Kreuzungspunkten fällt Licht in die Gassen. Niedrige Eingänge mit Holztüren führen in die kühlen drei- bis viergeschossigen Lehmhäuser der Familien. Die von der Hauptdurchgangsgasse abgehenden Seitengassen bilden die Zugänge zu den Quartieren der einzelnen, räumlich voneinander getrennten Clans. In der Mitte des Komplexes befindet sich das Haus des Chefs der ganzen Berberfraktion. Durch ein Tor mit zwei Wehrtürmen geht es wieder ins Sonnenlicht. Eine Mauer umgibt den *ksar* und schützte ihn in der Vergangenheit vor Angriffen verfeindeter Stämme.

Wie die meisten Lehmsiedlungen in Marokko ist auch dieses kulturelle Erbe vom Verfall bedroht. Mangels Strom, Wasserversorgung und Kanalisation ziehen die Menschen lieber in moderne Neubauten. Roger war der Erste, der hier drei alte Häuser komplett renovierte, mit Elektrizität und Wasser versorgte und vorführte, dass es möglich ist, zwischen den Lehmmauern komfortabel zu leben. Touristen können sich heute in eines der Häuser einmieten und in großen, traditionell dunklen und kühlen, einfach eingerichteten Zimmern mit Salon nächtigen. Wer sich Tipps für weitere Unternehmungen einholen möchte: Roger lebt seit vielen Jahren in Marokko und kennt das Land wie seine Westentasche.

Zeit für Tinerhir und Todhra-Schlucht

Anreise und beste Reisezeit

Flug: Mit Royal Air Maroc über Casablanca nach Ouarzazate oder Errachidia.

Bus: Mehrmals täglich von Errachidia, Ouarzazate. Einmal täglich von Marrakesch, Agadir, Erfoud. Mit dem Sammeltaxi in die Todhra-Schlucht.

Auto: Tinerhir liegt auf der Hauptverbindungsstrecke N10 zwischen Ouarzazate (169 km) und Errachidia (137 km).

Beste Reisezeit: Frühjahr und Spätsommer/Herbst.

Unterkunft

Tomboctou, 126, Av. Bir Anzarane, Tinerhir, Tel.: 0524-835191 oder 834604, www.hoteltomboctou.com. Kasbah-Hotel mit Pool und ruhigem Hofgarten, klimatisierte/beheizte Zimmer ab 50 Euro.

Maison d'Hôtes El Khorbat, Tel.: 0535-880355, www.elkhorbat.com. Zehn große Zimmer (50 Euro) in drei renovierten Lehmhäusern inmitten des Lehmkomplexes (Ksar).

5

Sehen und erleben

Wanderungen in der Todhra-Schlucht und in der Flussoase Tinerhir.

Klettern und Mountainbiken im Hohen Atlas.

Zwei-Schluchten-Rundfahrt: von Tinerhir durch die Todhra-Schlucht bis Agoudal, dann über die Dadès-Schlucht nach Boumalne du Dadès zurück.

Quellen und Museum Lalla Mimouna, Galerie von Zaïd Abbou in Tinejdad.

Ursprüngliche Berberarchitektur im Ksar El Khorbat bei Tinejdad.

Oasen-Museum in El Khorbat: interessante Informationen über das traditionelle Leben in den Flussoasen Südmarokkos.

Ziele in der Umgebung

Imilchil im zentralen Hohen Atlas mit Seen, Kasbahs und grandioser Gebirgskulisse (R703 über Agoudal, ca. 250 km ab Tinerhir).

Oued-Rheris-Schlucht nördlich von Goulmima.

Boumalne du Dadès mit Dadès-Schlucht.

Straße der Kasbahs von Boumalne du Dadès bis Ouarzazate.

Erfoud und Rissani im Tafilalet.

Sanddünen des Erg Chebbi.

Information

Office de Tourisme, Av. Moulay Ali Cherif, Errachidia, Tel.: 0535-570944.

Informationen über Tinerhir und Umgebung: www.tinghironline.com

Bei Merzouga erheben sich die bis zu 150 Meter hohen Sanddünen des Erg Chebbi.

Die Sahara

1

2

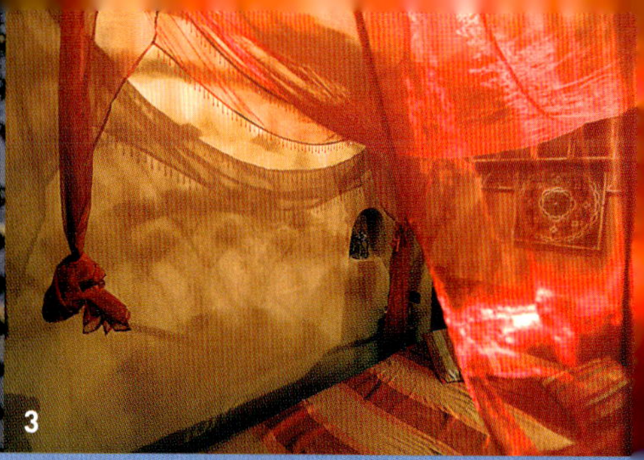

3

4

Palmen, Kasbahs und Oasen

Das Drâa-Tal von Agdz bis zum Erg Chegaga

Der längste Fluss Marokkos windet sich von Ouarzazate bis in die Sahara, wo er langsam versickert. Seine Ufer säumen Dattelpalmenoasen und mächtige Kasbahs. Von Zagora und M'hamid starten Kamel- und Geländewagentouren zum Sanddünengebiet Erg Chegaga.

Noch ein paar Kurven durch die schwarz-braunen vegetationslosen Wüstenberge und dann ist es so weit: Von der Passhöhe eröffnet sich ein grandioses Panorama auf ein grünes Meer aus Palmenkronen im Tal des Oued Drâa. In einem engen Canyon windet sich der Drâa zwischen den schräg gefalteten Bergen Richtung Südosten. Hinter uns ein komplett anderes Bild: die verschneite Kette des Hohen Atlas.

Das Drâa-Tal südlich des lebensfeindlichen Djebel-Saghro-Massivs ist eine klassische Flussoase. Der vom Dadès beziehungsweise dem El-Mansour-Eddahabi-Stausee bei Ouarzazate gespeiste Drâa ist mit 1100 Kilometern der längste Fluss Marokkos. Von Ouarzazate fließt er, vorbei an mächtigen Lehmburgen und Abermillionen Dattelpalmen, in Richtung Nordosten bis nach M'hamid, dem »Tor zur Wüste«. Von dort verläuft er quer durch die Sahara und das ganze Land Richtung Westen, wo er nördlich von Tan-Tan in den Atlantik mündet. Die letzten paar Hundert Kilometer ab M'hamid entspricht dies jedoch nur noch der Theorie: Das Wasser versickert im Wüstensand und der Drâa setzt sich als ein mit einigen Büschen und Akazien bestandenes Trockenflussbett – ein sogenanntes *oued* – Richtung Westen fort.

Zwischen den beiden Städten Agdz und Zagora führt die Straße, die 260 Kilometer südlich von Ouarzazate als Sackgasse in der Wüste endet, durch beschauliche Lehmdörfer am Fuß der Berge. Die etwa 250 000 Menschen im Drâa-Tal leben von der Oasenwirtschaft. In den Gärten wächst Obst, Gemüse, Getreide, Henna und vor allem eines: Datteln in etwa ein Dutzend Sorten. Das Drâa-Tal ist neben dem Ziz-Tal und dem Tafilalet ein Hauptproduktionsgebiet für Datteln, die man im ganzen Land auf dem Markt kaufen kann. Aber warum sind Oasen und Dattelpalmen scheinbar so untrennbar miteinander verbunden? Die robuste Phoenix dactylifera ist hervorragend an die klimatischen Bedingungen in trockenen warmen Regionen angepasst und eine der ältesten Kulturpflanzen der Menschheit, die schon mehrere tausend Jahre v. Christus genutzt

1 Das Drâa-Tal ist eines der größten Anbaugebiete von Dattelpalmen. **2** Abdellah Naji, der Hausherr von »Le Sauvage noble« in Tizergate bei Zagora. **3** Romantische Zimmer im »Le Sauvage noble«. **4** *Bivouac* unter dem Himmel der Wüste bei M'hamid.

1

3

2

wurde. Die Palmen haben bis zu 20 Meter tief reichende Pfahlwurzeln, tolerieren eine relativ hohe Versalzung des Grundwassers und überstehen längere Trockenperioden. Von einer meist manuell befruchteten, weiblichen Palme erntet eine Familie bis zu 60 Kilogramm Datteln pro Jahr, die gedörrt lange halten. Datteln haben einen hohen Nährwertgehalt und sind reich an Vitaminen. Früher »mästeten« Wüstenvölker ihre Frauen gar mit Datteln und Kamelmilch. Im November und Dezember ernten die Bauern dann die dicken, rötlich-gelb von den Bäumen hängenden Dolden. Wer die Gelegenheit dazu hat, sollte unbedingt die frischen Früchte kosten: Als Europäer ist man gewiss positiv überrascht, wie fruchtig und knackig frische Datteln schmecken können.

Aber neben ihren Früchten haben die Palmen noch weitere Vorzüge: Ihre Stämme nutzt man in den traditionellen Lehmhäusern als Decken-, Quer- und Stützbalken. Aus den faserigen, lang haltenden Palmwedelblättern entstehen Körbe, Satteltaschen für Esel und Kamele oder Zaunbefestigungen zum Schutz vor Sandverwehungen. Kinder flechten aus einzelnen Blättern lustige handgroße Kamele, die sie gegen einen Kugelschreiber oder ein Bonbon an Touristen verschenken. Die hochwachsenden Dattelpalmen bilden außerdem die obere Etage des »Stockwerkanbaus« in der Oase: Sie spenden

4

5

6

Schatten für die Bodenkulturen wie Getreide, Gemüse, Futter- und Gewürzpflanzen und die zweite Etage der Obstbäume.
Da nicht alle Pflanzen ihre Wurzeln so weit nach Wasser ausstrecken können wie Palmen, müssen die Felder am Oued Drâa bewässert werden. Bei einem Spaziergang durch die Oasengärten – ein Muss bei einem Südmarokkotrip – erkennt man das verzweigte System aus Erdkanälen, sogenannten *ségouias*, durch die das Wasser zu den einzelnen Parzellen geleitet wird. Ein idealer Ausgangspunkt für Ausflüge in der Flussoase ist der Ort Agdz am Fuß des Tafelbergs Djebel Kissane (1531 Meter). In der 250 Jahre alten, aufwendig renovierten Kasbah Asslim findet man Unterkunft in Obhut der herzlichen Großfamilie Aït al Qaid, deren Vorfahren von hier aus über das Drâa-Tal herrschten. Erst als der mit den Franzosen kollaborierende, gefürchtete Pascha al Glaoui die aufständischen Berber im Drâa-Tal besiegte, verloren die Qaids in den 1940er-Jahren ihre Macht. Im Konkurrenzkampf zwischen Glaouis und Qaids entstanden im Drâa-Tal zahlreiche Lehmburgen. Und hinter dem Namen al Qaid verbirgt sich die bewegte Geschichte einer ganzen Region – man sollte sie sich unbedingt aus erster Hand von einem Familienmitglied erzählen lassen!
Auch die älteste Kasbah des Drâa-Tals, die Kasbah Tamnougalte in etwa 9 Kilometern Entfernung, gehört dem Aït-el-Qaid-Clan. Ihre Erbauung geht auf den Gründer der bis heute herrschenden Alaouiten-Dynastie Mulay Rachid im 17. Jahrhundert zurück. Tamnougalte war ein wichtiger Marktflecken auf dem Weg der Karawanen in Richtung Timbuktu. Die Kasbah sicherte den Machtanspruch der Herrscher über die Region, war Fürstensitz, Karawanserei und Schutzburg für die umliegenden Dörfer. Auf einem Hügel nebenan thront das Werk der Glaoui-Rivalen: die Kasbah Taourirt, wo Szenen aus dem Film »Der Himmel über der Wüste« gedreht wurden.
Auch Zagora, 165 Kilometer südlich von Agdz, war einst Haltepunkt der Karawanen, die Gold, Elfenbein, Sklaven und Salz aus dem Süden nach Marrakesch transportierten. Der für Touristen inzwischen neu gemalte Wegweiser »Tombouctou 52 jours« zeugt heute noch davon. In den Läden unter Arkaden kann man sich hier gleich wüstentauglich ausrüsten, denn die Sahara rückt näher. Unentbehrlich ist auf jeden Fall der *chech* oder *tagulmust,* ein bis zu acht Meter

1 Zagora, Vorposten zur marokkanischen Sahara. **2** Von M'hamid starten Kameltouren zum Erg Chegaga. **3** Sahara zum Kennenlernen: die hohen Sanddünen von Chegaga. **4** Die Oasis Sacrée mitten in der Wüste. **5** und **6** Authentisches Wüstenerlebnis: mit Dromedaren in die Dünen, bei Lagerfeuerromantik und Übernachtung im Berberzelt.

1

2

3

langer Gesichtsschleier aus Baumwolle, traditionell in den Farben Schwarz, Blau oder Weiß. Vor dem bei Wind in jede Pore und Körperöffnung eindringenden Sand und der unerbittlich stechenden Sonne schützt nichts besser.

Bevor es in die Wüste geht, bieten sich vor Zagora in Tissergate zwei Herbergen an: »Dar el Hiba« befindet sich in einer liebevoll restaurierten Kasbah, bietet sieben Zimmer und hervorragenden hausgemachten Couscous. »Le Sauvage noble« gehört der Reiseagentur Renard Bleu Touareg und dem Verein Azalay e. V., der sich für die Nomaden der Region engagiert. Hier wohnt man in einem mit traditionellen Materialien restaurierten Lehmhaus in romantischen Suiten und erfährt von dem deutsch sprechenden Anthropologen Abdellah Najji alles über das Leben im alten *ksar* und der Wüste.

Ein organisierter Kameltrip im Tempo der Natur zählt zu den einprägsamsten Erlebnissen in Marokko. Die Kameltouren (und auch Geländewagen-Wüstentrips) starten ab M'Hamid am Südende der Drâa-Tal-Straße. Dort werden die Dromedare mit Zelten, Matten, Küchenutensilien und Lebensmitteln bepackt. Empfehlenswert sind mehrtägige Touren zum Erg Chegaga, dem zweiten großen Dünengebiet in Marokko neben dem Erg Chebbi. Als Wüstenneuling erlebt

4

1 Im »Le Sauvage noble« diniert man echt marokkanisch auf Sitzpolstern und niedrigen Tischen. **2** Einfache Zimmer in kühlen Lehmgemäuern: »Dar el Hiba« in Tissergate. **3** Gemütlich, familiär und authentisch wohnt man im Gästehaus »La Rose du Sable«. **4** Die sehenswerte Kasbah Tamnougalte entstand im 17. Jahrhundert. **5** Mühsame 52 Tage waren die Karawanen einst von Zagora bis nach Timbuktu unterwegs.

man hier zum ersten Mal das unvergleichliche Gefühl der Weite und Freiheit. Die Touristen begleiten Bewohner der Wüste, die »Blauen Männer«. Diese mit blauen *djellabahs* und *chechs* gewandeten Nomaden des Südens finden ohne Hilfsmittel auch blind bei Nacht und Sandsturm den Weg durch die Sahara. Mit hoch erhobenem Kopf, in scheinbar unermesslicher Zufriedenheit und Genügsamkeit stapfen die Kamele über Sandebenen, Kiesflächen, niedrige Dünen und mit Tamarisken bestandene Trockenflussbetten westwärts. Am dritten Tag taucht schließlich das gelbe Dünenmeer des Erg Chegaga am Horizont auf. Meist erst nach ein paar Tagen entwickelt sich eine zaghafte Beziehung zwischen Mensch und Dromedar, das als ausgesprochen stolzes Wesen gilt. Einem arabischen Sprichwort zufolge verdankt es seinen Stolz seiner engen Beziehung zu Allah: »Allah hat hundert Namen. Neunundneunzig kennt der Mensch, aber den hundertsten nur das Kamel.«

Zeit für Drâa-Tal – Palmen, Kasbahs und Oasen

Anreise und beste Reisezeit

Flug: Mit Royal Air Maroc über Casablanca nach Ouarzazate.

Bus: Verbindungen von Ouarzazate Richtung M'hamid. Nach Zagora auch von Erfoud über Tazzarine.

Auto: Von Ouarzazate bis M'hamid entlang des Drâa (N9, 260 km). Von Rissani über Tazzarine bis Tansikht im Drâa-Tal (N12, 233 km).

Beste Reisezeit: Oktober bis Mai.

Unterkunft

Le Sauvage noble, Ksar Tissergate (8 km von Zagora), Tel.: 0524-838072 oder Mobil 0661-348413, www.sauvage-noble.org, Mit traditionellen Materialien hübsch renoviertes Lehmhaus mit 16 individuell gestalteten, romantischen Zimmern (ab 60 Euro).

Chez Yacob, Ksar Tamnougalte, Tel.: 0524-843394, www.lavalleedudraa.com. Einfache, gepflegte Zimmer (ca. 35 Euro) in einem Lehmhaus mitten im Ksar von Tamnougalte. Gutes Essen im Restaurant.

Rose du Sable, in der Palmeraie von Agdz, Tel. 0524-886452 oder Mobil 0661-338601, www.rosedusable.com. Hübsche, klimatisierte Zimmer (55–60 Euro) in einem in traditioneller Architektur erbauten Lehmhaus. Ruhige Lage in der Palmeraie, kleiner Garten mit Pool.

5

Sehen und erleben

Spaziergang durch Palmenoasen, Lehmburgen und Lehmsiedlungen.

Kameltouren und Wüstentrips mit Renard Bleu Touareg, Av. Mohamed V., Zagora, Tel.: 0524-838072, www.renard-bleu-touareg.org

Tamegroute: Wallfahrtsort 18 Kilometer südlich von Zagora, im 17. Jahrhundert gegründete Bibliothek mit bis zu 900 Jahre alten Schriften; Töpferzentrum mit grün glasierten Keramiken.

Ziele in der Umgebung

Lac Iriki: riesige Lehmebene eines ausgetrockneten Sees westlich von M'hamid.

Foum Zguid: Wüstenort am Djebel Bani.

Nekob, Tazzarine und Djebel-Saghro-Massiv, Ouarzazate, Aït Benhaddou, Straße der Kasbahs (siehe jeweiliges Kapitel).

Information

Délégation du Tourisme, Av. Mohamed V., Ouarzazate, Tel. 0524-882485.

1

2

3

4

Meer ohne Wasser

Palmenoasen und Sandwüsten im Tafilalet

Eine Fahrt durch die Dattelpalmenhaine, Oasengärten und Lehmsiedlungen von Erfoud und Rissani stimmt auf die Wüste ein, die sich weiter südlich am Erg Chebbi als rot-gelbes Dünenmeer ausbreitet.

Die Sahara ist mit einer Ausdehnung von etwa 12 Millionen Quadratkilometern – das ist größer als Europa oder die USA mit Kanada – die größte Wüste der Welt. Der Süden Marokkos bildet den nördlichen Rand der Sahara, die sich weiter über Mauretanien und Algerien bis in den Sahel, das »Ufer« der Wüste, ausdehnt. Marokko ist daher kein durchgängiges Wüstenland und besitzt nur zwei, im Vergleich zu Algerien und Libyen, kleine Sanddünengürtel: den Erg Chebbi bei Merzouga und den Erg Chegaga südwestlich von M'hamid.

Die Stadt Erfoud ganz im Südosten Marokkos dient als touristische Durchgangsstation auf einer Fahrt über Rissani zum Erg Chebbi. Hier beginnt die Piste, die lange Zeit die einzige Zufahrtsroute zum größten Dünengebiet des Landes war. Wer Wüstenfeeling sucht und einen Geländewagen fährt, wählt immer noch diese staubige Variante zu den Dünen, statt die Teerstraße über Rissani nach Merzouga. Auf der Wüstenpiste passiert man ein riesiges versteinertes Korallenriff, das einst im Tethysmeer lag, welches vor 400 bis 350 Millionen Jahren die Sahara bedeckte. Aus dem Riff gewinnen die Fossilienfabriken der Region riesige Blöcke voller versteinerter Meerestiere. Die Manufakturen in Erfoud (Besichtigung möglich) schleifen den grauschwarzen Stein, arbeiten das Relief von Ammoniten, Seelilien und Trilobiten heraus und verarbeiten den Fossilienstein zu exklusiven Waschbecken, Skulpturen und Tischen.

Erfoud ist die Hauptstadt des Tafilalet-Gebiets, das sich von der Provinzhauptstadt Errachidia im Ziz-Tal über Aoufouss und Rissani bis nach Merzouga erstreckt. Das Tafilalet bildet so das größte zusammenhängende Oasengebiet Marokkos. Oasen sind durch eine relative Grundwassernähe, Quellen, artesische Brunnen oder die Lage an einem Flusslauf – *oued* oder *wadi* – ökologisch besser gestellt als die trockene Umgebung. Eine systematische Bewässerung ermöglicht so Landwirtschaft und das typische romantische Oasenbild: üppig grüne Palmen und Gärten in der kargen Wüste. Die Oasengärten des Tafilalet wurden jahrhundertelang mit *foggaras* be-

1 Offroad-Fun im Erg Chebbi. **2** Eine der komfortabelsten Unterkünfte direkt an den Dünen: »Dar el Janoub«. **3** Arkaden im Hotel »Kasbah Xaluca Maadid« in Erfoud. **4** Wüste wie aus dem Bilderbuch: am Erg Chebbi.

1 Das Restaurant »Panorama« hält was es verspricht: Aussicht vom Hügel auf den Erg Chebbi. **2** Stadttor nach Rissani im Tafilalet. **3** Blick über die Palmenoase Erfoud, in deren Umgebung Fossilien aus großen Steinbrüchen gewonnen werden. **4** Das Tafilalet ist Herkunftsregion der herrschenden Alaouiten-Dynastie. **5** Ein »Blauer Mann« in der Wüste bei Merzouga.

wässert. Bei diesem System wird Grundwasser in höheren Lagen, zum Beispiel in nahe gelegenen Bergen, in einem unterirdischen Schacht aufgefangen. Das Wasser fließt dann in einem kilometerlangen Stollen in leichtem Gefälle in die Oasen. Der Stollen wird durch senkrechte Schächte in Abschnitte unterteilt. Diese Schächte sind an der Straße von Erfoud nach Tinejdad noch relativ gut erhalten und fallen in der flachen Wüstenlandschaft auf: In regelmäßigen Abständen reihen sich Abraumhügel mit einem Brunnenschacht in der Mitte aneinander.

Die typische Oasenkulturpflanze – so auch im Tafilalet – ist die Dattelpalme, die zum Teil riesige Haine bildet und unter deren Schatten Obstbäume, Gemüse, Futterpflanzen und Getreide wachsen. In langen Trockenperioden in den 1980er- und 1990er-Jahren verdorrten jedoch Teile der Dattelpalmenhaine, die zusätzlich noch von einer

5

Pilzerkrankung betroffen waren – ein schwerer Schlag für die Oasenbauern. Der dezimierte Palmenbestand konnte sich auch in den folgenden regenreicheren Jahren nur teilweise erholen. Die Oasenbauern – auf diese Weise ohnehin in ihrer wirtschaftlichen Existenz bedroht – kämpfen außerdem permanent gegen die Versandung: Der Wind weht ständig neue Sandmassen auf das Kulturland. Die Befestigung der niedrigen Dünen mit Palmwedelzäunen hilft dagegen nur bedingt.

Der Tourismus brachte in den letzten 15 Jahren neue wirtschaftliche Impulse: So entstehen für Wüstentouristen immer mehr komfortable Hotels um Erfoud und Rissani sowie zahlreiche Unterkünfte entlang der Dünen bei Merzouga. Gefüllte Pools, üppig bewässerte Hotelgärten, ständig laufende Klimaanlagen und die steigenden Müll- und Abwassermengen verursachen dafür immer mehr ökologische Probleme.

An der Straße weiter Richtung Süden, kurz vor Rissani, versinken die kläglichen Mauerreste der einst so legendären Hauptstadt des Tafilalet, Sijilmassa, im Sand. Zwischen dem 11. und 17. Jahrhundert war Sijilmassa ein wichtiger Karawanenstützpunkt, in dem Datteln, Salz, Leder- und Metallwaren gegen Gold, Elfenbein und Sklaven getauscht wurden. Der Alaouit Moulay al-Rashid eroberte von Sijilmassa aus im 17. Jahrhundert Fès und Marrakesch und beendete damit die Herrschaft der Saaditen-Dynastie. Die heute noch mit König Mohamed VI. herrschende arabische Alaouiten-Dynastie hat somit hier ihren Ursprung.

Rissani, das touristische Zentrum des Tafilalet, liegt 24 Kilometer südlich von Erfoud und bietet letzte Versorgungsmöglichkeiten vor der Fahrt zum Erg Chebbi. *Faux guides,* Männer und Jugendliche, die sich (ohne staatliche Lizenz) als Führer anbieten, gibt es hier so viele wie Sandkörner in der Wüste. Auch die als Tuareg in blauer *gandura* verkleideten Souvenirhändler werben recht offensiv um Kundschaft. Dennoch hat sich Rissani den Charme einer Oasenstadt bewahrt: rosa getünchte Lehmhäuser, ein prächtiges, vom Königvater Hassan II. (1929–1999) gestiftetes Stadttor, eine große Kasbah und im Dattelpalmenhain verstreute Lehmsiedlungen (*ksour*).

Ein besonderes Erlebnis in Rissani ist der Besuch des großen Wochenmarkts am Sonntag, aber auch dienstags und donnerstags findet ein kleinerer Markt statt. Zwischen den Mauern des Souks hocken die Händler mit Gemüse und unter den Arkaden bieten Handwerkerläden, Bäcker und Metzger ihre Waren an. Die Feilscherei um Schafe, Ziegen und Hühner spielt sich noch genauso ab wie vor etwa 100 Jahren. Am »Eselsparkplatz« in einem umfriedeten Hof

1 Sanddünen an der Straße nach Erfoud. 2 Die »Kasbah Tizimi«, stilvolle Unterkunft in Erfoud. 3 Für Marokko riesig, für die Sahara klein: die Sandberge des Erg Chebbi. 4 Die »Kasbah Mohajut« liegt direkt am Dünenrand. 5 Mit dem Wüstenschiff im Erg Chebbi.

drängen sich die Esel Ohr and Ohr und kommunizieren unüberhörbar.

Im Zentrum lohnt sich ein Besuch der Lehmsiedlung Abouam mit der Kasbah Moulay Ismail. Ein von mächtigen Türmen flankiertes Eingangstor bietet Einlass in den Komplex mit seinen verschachtelten Gassen und Innenhöfen. Diese Siedlung diente unter anderem als Kulisse für die Filme »Marco Polo« und »Himmel über der Wüste«. Auf einer beschilderten Oasenrundfahrt (*circuit touristique*) durch den Palmenhain kann man sich in den benachbarten Lehmsiedlungen weitere Eindrücke von der wehrhaften Architektur des Südens sowie der Oasenwirtschaft verschaffen.

Auf der erst 2002 fertiggestellten Teerstraße Richtung Merzouga geht es zunächst im Zickzackkurs weiter durch die Oasengärten. Dann öffnet sich die Landschaft und man blickt auf die weite Hammada – eine schwarz-braune Steinwüste. Auf den letzten 20 Kilometern vor Merzouga weisen Dutzende Schilder auf die

Zufahrtspisten zu den familiär geführten Herbergen am Rand der Dünen hin. Und allmählich taucht die Silhouette der bis zu 150 Meter hohen goldgelben Dünen vor der schwarzen Kieselebene auf – ein durchaus majestätischer Anblick!

Merzouga, eine staubige Wüstenoase am Südrand des Erg Chebbi, lebt inzwischen vor allem vom Tourismus: Entlang der Dünen entstehen immer mehr Herbergen, Campingplätze, Cafés und Agenturen, die Kamel-, Geländewagen-, Enduro- und Quadausflüge in die Wüste anbieten. Außerdem ist das Dünengebiet des Erg Chebbi jedes Jahr Endpunkt eines besonderen sportlichen Ereignisses: des »Marathon des Sables«. Beim härtesten Marathon der Welt müssen die Läufer etwa 230 Kilometer in sieben Tagen in der sengenden Wüstensonne zurücklegen – und dabei ihr Wasser und Proviant selber tragen!

Die Wahl der Unterkunft fällt angesichts des unüberschaubaren Angebots in und um Merzouga nicht leicht – viele Herbergen sind sehr einfach und nicht immer sauber. Bestens aufgehoben fühlen sich Reisende im »Riad Nezha« direkt in Merzouga. Hier genießt man den Vorteil von Einkaufsmöglichkeiten und Cafés direkt um die Ecke im Ort. Pluspunkte des hübschen und komfortablen Hotels im Kasbahstil sind außerdem sein Pool und die herrliche Aussicht über die Dattelpalmenoase zu den Dünen. Der freundliche Eigentümer Brahim spricht gut deutsch und erfüllt vom Kamelritt bis zu mehrtägigen 4x4-Touren alle Wünsche für ein perfektes Wüstenerlebnis. Alternativ quartiert man sich direkt am Dünenrand in der hübschen »Kasbah Mohajut« ein. Der Hotelname leitet sich von den Namen des deutsch sprechenden Betreibers Mohamed Oubadi und der deutschen Reiseveranstalterin Jutta Payne ab. Die großen, stilvoll eingerichteten Zimmer bieten allen notwendigen Komfort. Und im Restaurant gibt es nach einem Dromedarritt in die Dünen sogar ein Gläschen Wein.

»Dar Janoub« liegt noch eine Komfortkategorie höher und zählt damit sicherlich zu den besten Unterkünften am Erg Chebbi. Die lichtdurchflutete Anlage in Rot und Türkis überzeugt mit schlichter Eleganz und Stil. Die klimatisierten Zimmer (mit eigener Elektrizitätsversorgung) befinden sich in kleinen Bungalows im Garten, zum Teil mit direktem Blick auf die Dünen. Die schattige Terrasse eignet sich hervorragend, um die Stille der Wüste zu genießen.

1 Dinner unter dem Wüstenhimmel in der »Kasbah Xaluca Maadid« in Erfoud. **2** Im »Dar el Janoub« am Erg Chebbi. **3** Das imposante Tor des »Riad Nezha« heißt seine Gäste willkommen.. **4** Von der Dachterrasse des »Riad Nezha« bietet sich ein grandioser Blick auf die Palmenoase und den Erg Chebbi. **5** »Marhaba« in der »Kasbah Mohajut« am Erg Chebbi.

Für das »echte« Wüstenerlebnis gehört aber vor allem eines zum Pflichtprogramm: der anstrengende Marsch auf eine möglichst hohe Düne bei Sonnenaufgang. Beim Anstieg versacken die Füße im Sand, rutschen nach unten und finden erst wenige Zentimeter über der letzten Trittstufe Halt. So kämpft man sich aufwärts, am einfachsten den Kamm entlang, von dem sich bei jedem Schritt kleine zungenförmige Sandlawinen lösen. Auf der dem Wind zugewandten, härteren Hangseite strukturieren wellenförmige Muster die Oberfläche. Hier zeichnet sich das Leben der Wüste ab: Spuren der allgegenwärtigen Schwarzkäfer sowie von Wüstenspringmäusen, Sandfischen, Eidechsen und dem Fennek (Wüstenfuchs). Außer den gelb-grünen Büscheln des stacheligen Halfagrases gedeiht hier kein Kraut mehr. »Meer ohne Wasser« nennen die Araber die Sahara: In sanften kleinen und gigantisch großen Wellen breitet sich der Sand bis zum Ho-

rizont aus. Vom Gipfel der Düne eröffnet sich der Blick auf weitere Dünen – auf noch mehr Sand. Hier spürt man die Freiheit der Wüste, die Klarheit ihrer Formen und Farben, das Spiel aus Schatten und Licht. Und man stellt sich Fragen, auf die es bisher noch keine Antworten gibt: Woher kommt nur all der unvergleichlich feine Sand aus schwarz-grauen, roten, gelben und durchsichtigen Quarzkörnchen? Wie tief muss man graben, bis darunter festes Erdreich, Steinboden oder sogar Grundwasser auftaucht? Während man den steilsten Hang in großen Sprüngen herunterrennt und der Sand wie Pulverschnee in die Luft stiebt, fragt sich mancher Alpinist vielleicht auch: Könnte ich hier runterwedeln? Diese Frage wenigstens kann bejaht werden. Manche Herbergen vermieten Snowboards oder Skier, wenn auch nicht die neuesten Modelle.

Antoine de Saint-Exupéry beschreibt in »Der kleine Prinz« das Gefühl eines Menschen, der vom Wüstenvirus infiziert ist: »Ich habe die Wüste immer geliebt. Man setzt sich auf eine Sanddüne. Man sieht nichts. Man hört nichts. Und währenddessen strahlt etwas in der Stille.« Spätestens wenn sich am Ende des Tages der klare Sternenhimmel von Horizont zu Horizont über unserem Kopf aufspannt und nur gelegentlich das Brüllen eines Kamels die Stille durchbricht, wissen wir, was er damit meinte.

Zeit für Erg Chebbi – Meer ohne Wasser

Anreise und beste Reisezeit

Flug: Verbindungen mit Royal Air Maroc über Casablanca nach Ouarzazate und Errachidia (100 km von Rissani).

Bus: Von Errachidia, Tinerhir, Erfoud nach Rissani (einmal täglich weiter nach Merzouga), Sammeltaxis von Rissani.

Auto: Von Errachidia durch das Ziz-Tal nach Merzouga (N13, 143 km), von Tinerhir oder aus dem Drâa-Tal über Tazzarine (N12) nach Erfoud.

Beste Reisezeit: September bis Mai.

Unterkunft

ERFOUD:

Kasbah Xaluca Maadid, bei Kilometer 5 Erfoud – Errachidia, Tel.: 0535-578450/51, www.xaluca.com. Kasbah-Hotelkomplex mit stilvollen, traditionell gestalteten Zimmern und großem Pool. DZ 100 Euro, Junior Suite 130 Euro.

MERZOUGA:

Dutzende Herbergen direkt an den Dünen zwischen Merzouga und Hassi Labied.

Riad Nezha, im Zentrum von Merzouga, Tel.: 0535-576589 oder Mobil 0661-987977, www.riadnezha.com. Sehr schönes Kasbah-Hotel mit großen, klimatisierten Zimmern und Suiten (ab 45 Euro/Person mit HP), Pool und tollem Ausblick von der Dachterrasse auf die Oase und die Dünen.

Kasbah Mohayut, ca. 3 km nördlich von Merzouga, Mobil 0666-039185, www.mohayut.com. Komfortables Kasbah-Hotel mit Campingplatz unter deutsch-marokkanischer Führung. DZ mit Halbpension ca. 45 Euro/Person.

Dar el Janoub, Tel.: 0535-577852 oder Mobil 0672 085658, www.dareljanoub.com. Elegantes Gästehaus mit klimatisierten Zimmern (ab 55 Euro/Person mit HP) und Pool.

Sehen und erleben

Die Oasen und traditionellen Bewässerungssysteme (*foggaras*) im Tafilalet.

Besichtigung einer Fossilienfabrik.

Dünenbesteigung bei Sonnenaufgang.

Mit Kamelen, zu Fuß oder mit einem Quad durch den Erg Chebbi.

Ziele in der Umgebung

Das Dattelpalmental des Oued Ziz zwischen Erfoud und Errachidia.

Source Bleue de Meski: 23 Kilometer südöstlich von Errachidia, glasklare Quellwasserbecken unter Palmen.

Tinerhir mit Todhra-Schlucht, Straße der Kasbahs nach Ouarzazate, Djebel-Saghro-Massiv (siehe in den jeweiligen Kapiteln).

Information

Office de Tourisme, Av. Moulay Ali Cherif, Errachidia, Tel.: 0535-570944.

1

2

3

4

Steinerne Wüste

Das bizarre Djebel-Saghro-Massiv

Vom Drâa-Tal führt eine schmale Teerstraße durch eine einsame Steinwüste mit Akazien und Plateaubergen zu den Oasen Nekob und Tazzarine. Das bizarre Gebirgsmassiv Djebel Saghro erhebt sich zwischen dieser und der nördlichen, parallel verlaufenden Straße der Kasbahs.

Das Djebel-Saghro-Massiv zieht sich als östliche Fortsetzung des Anti-Atlas 200 Kilometer vom Drâa-Tal bis zum Ziz im Süden Marokkos. Dieses Gebirgsmassiv ist eine der unwirtlichsten Regionen des Landes mit nur durchschnittlich 200 Millimeter Regenfall im Jahr. Lediglich im Frühjahr zieren ein paar gelbe, weiße und blaue Farbflecken die Hänge dieser schwarz-braunen Steinwüste. Die karge Bergwelt ist Lebensraum der Berber vom Volk der Aït Atta. Sie betreiben bescheidene Landwirtschaft auf Feldern mit Weizen, Gerste, Mandelbäumen und Dattelpalmen. Ihre hauptsächliche Lebensgrundlage ist jedoch die Wechselweidewirtschaft. Im Winter führen sie ihre Ziegen und Schafe in die Sahara südlich der Berge, im Frühjahr treiben sie die Tiere in die Hänge des Djebel Saghro, wo in einigen Senken Gras und Büsche sprießen. Nach deren Abweidung ziehen sie schließlich in den Hohen Atlas, der nach der Schneeschmelze neue Weidegründe bietet. Die Aït Atta gelten als rebellisches Volk, das den Franzosen zur Protektoratszeit erbittert Widerstand leisteten. Mit ihrem Heer stark in der Minderzahl, lieferten sich die Aït Atta am Berg Bougafer im Jahr 1932/33 eine Schlacht mit den Besatzern und erreichten schließlich die Anerkennung ihrer Lebensweise.

Das Djebel-Saghro-Massiv fasziniert durch die Klarheit von Formen und Farben: nichts als Felsen, Steine und Kiesel in Schwarz-Braun, die in unvergleichlicher Weise mit dem klaren, kristallblauen Himmel kontrastieren. Das hohe geologische Alter von 200 bis 500 Millionen Jahren zieht zudem Geologen, Fossiliensammler und Naturliebhaber an. Besonders bekannt ist das Bab-n-Ali, das »Tor von Ali«, zwei markante, nebeneinander stehende Felsdaumen inmitten der imposanten Bergkulisse nördlich von Nekob.

In etwa vier Tagen ist es möglich, das Massiv zu durchqueren – durch fantastische Schluchten, vorbei an Felstürmen und -spitzen, ursprünglichen Berbersiedlungen und über Gipfel von mehr als 2000 Metern Höhe.

1 Felsgravuren von Aït Ouazik. **2** Alte Tongefäße für Olivenöl. **3** Berbermädchen in Tazzarine. **4** Nomaden im Djebel Saghro ziehen mit ihrem Vieh zum nächsten Lager.

Das Trekking startet am Nordrand des Djebel Saghro in Tagdilt (südlich von Boumalne du Dadès) oder von Süden in Handour (nördlich von Nekob). Im Frühjahr kann es nachts noch empfindlich kalt werden, mit Temperaturen nahe an der Nullgradgrenze. Tagsüber herrschen dafür angenehme 25 bis 35 Grad Celsius, während es im Sommer bis zu 45 Grad Celsius heiß wird. Am romantischsten ist die Übernachtung in Zelten unter dem klaren Sternenhimmel. In einigen Dörfern unterwegs findet man aber auch einfache Privatunterkünfte (sogenannte *gîtes d'étape*), in denen man auf Matten in Schlafräumen übernachtet und auf Bestellung eine heiße Suppe und leckere Tajine serviert bekommt.

Nekob, ein beschaulicher Ort nur etwa 40 Kilometer östlich der Hauptstraße durch das Drâa-Tal nach Zagora, eignet sich am besten als Ausgangspunkt für Touren ins Djebel-Saghro-Massiv. Hier kann sich der Wanderer einen lizenzierten Bergführer sowie Mulis für den Gepäcktransport anmieten. Wer lieber eine Offroad-Fahrt unternehmen möchte, der durchquert von Nekob aus auf einer teilweise schlechten Piste, vorbei am Bab-n-Ali und über den Pass Tizi-n-Tazazert (2283 m), das Massiv bis nach Boumalne du Dadès.

Aber auch ohne einen Ausflug lohnt sich ein Besuch von Nekobs ursprünglichen Kasbahs. Üppige Bougainvilleen und Palmen flan-

1 Eine echte Lehmburg als Hotel: die »Kasbah Baha Baha« in Nekob am Rand des Djebel-Saghro-Massivs. **2** Salon in der »Kasbah Baha Baha« in Nekob. **3** und **4** Die zweite Trekkingetappe der Djebel-Saghro-Durchquerung führt zur Oase von Igli. **5** Im »Ksar Jenna«.

kieren den Eingang zum »Ksar Jenna« 4 Kilometer hinter Nekob Richtung Drâa-Tal. Im Inneren erwartet den Besucher ein grünes Paradies inmitten der kargen Landschaft. Hinter den Mauern versteckt sich ein farbenfroh blühender Rosengarten mit grünem Rasen, Palmen, Oleander, Orangen- und Granatapfelbäumen. Die Pastellfarben in den sieben hellen Zimmer erzeugen geradezu mediterranes Flair.

Ganz anders, aber nicht weniger reizvoll, zeigt sich die »Kasbah Baha Baha«, etwas abseits der Hauptstraße in Nekob. Die über 50 Jahre alte Lehmburg wurde zu einer »ökologischen Herberge« umgebaut. Die liebevoll gestaltete Anlage mit Pool beherbergt auch ein kleines, interessantes ethnografisches Museum. In der Küche können sich Interessierte eine kleine Lektion in marokkanischer Kochkunst erteilen lassen. Von der Terrasse bietet sich ein herrlicher Blick auf das ganze Tal und den von der Straße aus nicht sichtbaren großen Palmenhain mit mächtigen Kasbahs. Tazzarine, 12 Kilometer weiter Richtung Rissani, liegt an einem felsigen Flusstal in einer grünen Palmenoase und ist eine ideale Basis für Ausflüge in die Oasengärten, zu mächtigen Kasbahs, für Trekking- oder Kameltouren in den Djebel Saghro und zu den Jahrtausende alten Felzeichnungen von Tirourirines, Abdi Boulili und Aït Ouazik.

Zeit für Djebel Saghro, Nekob, Tazzarine

Anreise und beste Reisezeit

Flug: Mit Royal Air Maroc über Casablanca nach Ouarzazate.

Bus: Ab Ouarzazate Richtung Zagora, Sammeltaxis ab Tansikht bis Nekob/Tazzarine.

Auto: Von Ouarzazate über Tansikht (N9, R108, 165 km) oder von Rissani nach Tazzarine (N12, 162 km). 4x4-Piste durch den Djebel Saghro von Boumalne du Dadès über den Tizi-n-Tazazert (2200 m) nach Nekob.

Beste Reisezeit: Frühjahr und Spätsommer/Herbst.

Unterkunft

Ksar Jenna, Nekob, Tel.: 0524-839790, www.ksarjenna.com. Gästehaus im Kasbahstil mit paradiesischem Garten und sieben hellen klimatisierten Zimmern. DZ ab ca. 50 Euro.

Kasbah Baha Baha, Nekob, Tel.: 0524-307801 oder 839763, www.kasbahabaha.com. Liebevoll renovierte Kasbah mit ethnografischem Museum, Pool und Panoramaterrasse. DZ ab 40 Euro.

Sehen und erleben

Trekking durch die Steinwüste des Djebel-Saghro-Massivs.

Ausflüge in die Oasen und Wüstenlandschaften per Geländewagen, Muli oder Kamel.

Fossilien sammeln im Djebel Rhart (südlich Nekob).

Ziele in der Umgebung

Drâa-Tal, Dünen des Erg Chegaga westlich M'hamid, Rissani und Erg Chebbi, Straße der Kasbahs mit Dadès-Schlucht (siehe in den jeweiligen Kapiteln).

Information

Délégation du Tourisme, Av. Mohamed V., Ouarzazate, Tel. 0524-882485.

Trekkingkarte mit touristischen Infos: »Kultur-Trekking im Dschebel Saghro«, Mohamed Aït Hamza, Herbert Popp, 1:100 000, Verlag Naturwissenschaftliche Gesellschaft Bayreuth e. V.

5

Garbuden am Djemaa el-Fna in Marrakesch.

Praktische Reiseinformationen

Gut zu wissen – Ratschläge für das Reisen in Marokko

Anreise

Flug: Nonstop-Linienflugverbindungen (ca. 3 Std.) nach Casablanca mit Royal Air Maroc von Frankfurt und München. Von Casablanca Inlandsverbindungen (zum Teil lange Transferzeiten) nach Marrakesch, Fès, Ouarzazate, Oujda und andere Umsteigeverbindungen mit mehreren europäischen Linienfluggesellschaften nach Casablanca. Direktflüge von Air Berlin, Easy Jet, Jet4you, Ryan Air, Air Arabia nach Nador, Tanger, Casablanca, Agadir und Marrakesch.
Auto/Fähre: Durch Frankreich und Spanien bis nach Marokko etwa drei Tage Fahrzeit (2500 km München – Algeciras). Zahlreiche Fährverbindungen von Spanien, Frankreich, Italien nach Marokko. Lange Strecken sollte man im Voraus buchen. Billigste und kürzeste Verbindung von Algeciras oder Tarifa nach Ceuta oder Tanger (30 Minuten, bis zu 14-mal täglich). Fährlinien: www.comarit.es, www.trasmediterranea.es, www.gnv.it, www.frs.es, www.balearia.com

Einreise

Bei einem Aufenthalt von bis zu drei Monaten ist kein Visum nötig. In den Pass wird bei der Einreise eine Registrierungsnummer (*numéro d'entrée*) eingetragen, die bei zukünftigen Reisen beibehalten und beim Einchecken ins Hotel benötigt wird. Von den Flughäfen fahren »Grands Taxis« zu festen Tarifen (etwa 15 bis 25 Euro) in die Innenstadt. Ab Agadir-Aït Melloul und Marrakesch gibt es einen Bus. Vom Flughafen Casablanca verkehrt ein Zug zu den Bahnhöfen Casa Port und Casa Voyageurs. Vom Flughafen Marrakesch befördern auch günstigere »Petits Taxis« Reisende in die Innenstadt. An den Landesgrenzen gibt es mit dem Auto zum Teil lange Wartezeiten bei Polizei und Zoll. Eine Zollerklärung für das Fahrzeug und eine gültige Grüne Versicherungskarte sind erforderlich.

1

Finanzen

Landeswährung ist der Dirham (11 DH = etwa 1 Euro). Wechselbüros findet man an den Landesgrenzen, Flughäfen und zum Teil in Hotels. Banken wechseln Bargeld und Travellerschecks. Die einfachste Art, in Marokko Geld zu erhalten, ist die Abhebung mit der Maestro(EC)-Karte an den in allen Städten auffindbaren Bankomaten. Generell herrscht Kleingeldmangel – für Straßenhändler, einen Minztee und kleinere Dienstleistungen sollten immer ein paar Münzen griffbereit sein.

2

Gesundheit

Normalerweise gibt es auf Reisen in Marokko keine größeren gesundheitlichen Probleme, bis auf gelegentliche Durchfallerkrankungen. Vorsichtsmaßnahmen hierfür: nur versiegeltes Flaschenwasser trinken, keine Eiswürfel, kein offenes Speiseeis, nur geschältes Obst und gar gekochtes Gemüse und Fleisch essen. Die medizinische Versorgung im Land ist gut. Empfohlen werden die auch bei uns üblichen Impfungen gegen Tetanus, Polio, Diphtherie und Hepatitis A/B. Zur Sicherheit sollte man dennoch eine Reisekrankenversicherung mit Flugrückholung abschließen. Wegen der hohen Sonneneinstrahlung ist ein guter Sonnenschutz wichtig.

Information

Fremdenverkehrsämter:
Staatliches Marokkanisches Fremdenverkehrsamt (ONMT), Graf-Adolf-Str. 59, 40210 Düsseldorf, Tel.: 0211-370551/52, Fax: 374048, www.tourismus-in-marokko.com
Staatliches Marokkanisches Fremdenverkehrsamt Schweiz, Schifflände 5, 8001 Zürich, Schweiz, Tel.: 0041-(0)44-2527752, Fax: 0041-(0)44-2511044, E-Mail: info@marokko.ch
Staatliches Marokkanisches Fremdenverkehrsamt Österreich, Kärtnerring 17/2/23 A, 1010 Wien, Österreich, Tel. 0043-(0)1-5125326, Fax: (0)1-5123973, E-Mail: marokkotourismus@aon.at
Internet:
www.marokko.com: sehr aktive Website mit Diskussionsforum zu Themen von Tourismus bis marokkanische Küche. Viele Links zu

anderen Marokko-Seiten. www.tourismus-in-marokko.com: Offizielle Seiten des Staatlichen Marokkanischen Fremdenverkehrsamts mit Informationen und nützlichen Adressen zu allen Regionen und Städten Marokkos.

Reiseveranstalter:
Hauser exkursionen international, Spiegelstr. 9, 81241 München, Tel.: 089-235006-0, Fax: 089/23500699, info@hauser-exkursionen.de, www.hauser-exkursionen.de. Breitgefächertes Programm an Trekking-, Kamel- und Rundreisetouren im ganzen Land, unter anderem mit der Autorin als Reiseleiterin.
Tour Serail, Turnseestr. 6, 79102 Freiburg, Tel.: 0761-64107, www.tourserail.com. Anspruchsvolle Kultur-, Trekking- und kulinarische Reisen der Orientexpertin Muriel Brunswig-Ibrahim.

Sprache

Amtssprache ist Arabisch, Französisch die Verkehrs- und Handelssprache. Im Norden wird zum Teil auch Spanisch verstanden. In entlegeneren Regionen auf dem Land oder in den Bergen sprechen viele Menschen nur Berberdialekte. In Touristenstädten wird auch Deutsch und Englisch gesprochen.

Unterkunft

In Marokko gibt es fast flächendeckend Hotels aller Kategorien und Größen. Europäischer Komfort und Sauberkeit sind ab drei Sternen zu erwarten. Diese Mittelklassehotels bieten meist große, gut ausgestattete Zimmer mit Bad, einen schönen Garten, ein Restaurant und manchmal einen Pool. Die Preise schwanken saisonal und sind zum Teil verhandelbar. Landestypisch, familiär und originell wohnt man in sogenannten *maisons d'hôtes,* renovierten alten Stadthäusern oder Kasbahs mit normalerweise maximal zehn Zimmern. Ein Riad oder Dar erfüllt die Vorstellungen von 1001 Nacht: traditionelle Hofhäuser mit Mosaiken, Springbrunnen, Stuck, Zedernholzschnitzereien, Innenhofgärten voller Orangen und Zitronen. *Gîtes d'étape* in Bergdörfern und Trekkingregionen sind einfache Unterkünfte bei Einheimischen in Schlafsälen auf Matratzen (Gemeinschaftsduschen/-WC). Bei *bivouacs* nächtigen Touristen in offenen, mobilen Nomadenzelten in der Wüste.

Verkehr

Mit dem eigenen Auto unterwegs: Es gibt ein sehr gut ausgebautes Asphaltstraßennetz und zum Teil gebührenpflichtige Autobahnen. Manchmal ist der Straßenbelag schlecht und die Fahrbahn nur einspurig. In den Bergen sowie im Großen Süden findet man diverse Pisten für Offroad-Fans. Allgemein besteht Anschnallpflicht und Alkoholverbot am Steuer. Die Höchstgeschwindigkeit beträgt 50 km/h in Orten, 100 km/h auf Landstraßen. Vorsicht: An den Hauptverbindungsstrecken gibt es oft Radarfallen. Gute Treibstoffversorgung.
Mietwagen: Man sollte bei den lokalen marokkanischen Vermietern die Konditionen und Fahrzeuge genau prüfen und auf einer Vollkaskoversicherung ohne Selbstbeteiligung bestehen. Einen Kleinwagen kann man ab etwa 40 Euro/Tag mieten.
Zug: Verbindungen bestehen zwischen den größten Städten Tanger, Rabat, Casablanca, Fès, Meknès und Marrakesch. Die Züge sind pünktlich, bequem und zuverlässig. Verbindungen und Preise kann man unter www.oncf.ma abfragen.
Bus: Ein dichtes Busliniennetz der Gesellschaften CTM, Supratours und zahlreicher anderer Busgesellschaften überzieht das Land. Die CTM-Busse sind meist teurer, schneller und komfortabler, manchmal ist eine Reservierung notwendig. Infos unter www.ctm.ma.
Taxi: Innerstädtisch verkehren »Petit Taxis«. Den Preis sollte man vorher aushandeln (1,50 bis 3 Euro) oder das Taxameter einschalten lassen. Außerhalb der Städte, zum Flughafen und anderen Orten fahren »Grand Taxis« als Sammeltaxis mit mehreren Personen, die man aber auch allein buchen kann.

Zeitverschiebung

MEZ minus eine Stunde, während der Sommerzeit minus zwei Stunden. Während sich marokk. Sommerzeit und deutsche Sommerzeit überschneiden ebenfalls nur minus eine Stunde.

3

1 Wasserverkäufer in traditioneller Tracht. **2** Modernes Leben in der Neustadt. **3** Komfort im traditionellen Stil: Zimmer in einem *maison d'hôtes.*

Couscous und Gazellenhorn

Köstlichkeiten der marokkanischen Küche

Wer sie noch nicht kennt, der wird sie lieben, die marokkanische Küche! Sie gehört zu den größten Genüssen einer Marokkoreise und sollte in all ihren Variationen getestet werden.
Wenn im Hotelrestaurant zum wiederholten Male das Standard-Tajine mit Kartoffeln, Karotten und Huhn auf den Teller kommt und auch an den Straßenständen meist nur Brochettes (gegrillte Fleischspießchen) sowie die übliche Couscous- und Tajine-Schüssel angeboten wird, liegt dies gewiss nicht an der Eintönigkeit der marokkanischen Küche. – Im Gegenteil: Sie ist eine der vielfältigsten überhaupt und wurde von allen Mittelmeerländern sowie der gesamten arabischen Welt beeinflusst.
Die Zubereitung köstlicher und üppiger Menüs ist in Marokko gerade bei der Bewirtung eines Gastes oder zu festlichen Anlässen, einer Hochzeit etwa, ein unbedingtes Muss. Dafür wird tagelang eingekauft und die Zutaten werden genauestens ausgewählt.

Zwischen Gourmet- und Familienküche

In Fès, Marrakesch und vielen anderen Städten finden sich Gourmettempel mit gehobenen Preisen (15–40 Euro für ein Menü) und einer abwechslungsreichen wie köstlichen Speisekarte. Meist sind diese in Stadtpalästen mit Springbrunnen, bunten Mosaiken, stuckverzierten Decken und Säulen untergebracht. Orientalisches Flair gibt es hier inklusive. Beste Küche kann man aber auch bei privaten Einladungen genießen, dann geben sich die Gastgeber besondere Mühe – was allerdings zur Folge haben kann, dass das Menü erst um zwölf Uhr nachts serviert wird.

Die Zutaten

Marokko hat viele fruchtbare Anbauflächen, deren frische Produkte sich auf den Wochenmärkten türmen: Paprika, Tomaten, Kartoffeln und Auberginen, Orangen, Erdbeeren, Aprikosen und Äpfel. In den Souks werden – zu spitzen Bergen aufgeschichtet – eingelegte Oliven und Zitronen sowie unterschiedlichste Dattelsorten verkauft. Den Eiweißbedarf decken Fisch, verschiedene Meeresfrüchte und Geflügel-, Schaf-, Ziegen- und Rindfleisch. Schweinefleisch ist in islamischen Ländern meist nicht erhältlich.

Gewürze, Kräuter und Öle

Den richtigen und unverwechselbaren Geschmack erhalten die Gerichte durch die charakteristischen Gewürze: Paprika, Kreuzkümmel, schwarzer Pfeffer, Zimt, Koriander, Ingwer und die edlen Safranfäden. Der Anblick der bunten Gewürzberge auf den Märkten gehört zu den faszinierendsten Eindrücken einer Marokkoreise. Die pikante Mischung Ras el-Hanout besteht aus 44 verschiedenen Gewürzen und wird überall verkauft. Sie eignet sich besonders gut als Mitbringsel, um einmal zu Hause ein marokkanisches Gericht nachzukochen.

1

Auch Kräuter sind in der marokkanischen Küche elementar: Thymian, Wermut, Koriander, Minze, Lorbeer und Petersilie.
Eine der wichtigsten Zutaten für die marokkanische Küche ist das im Land gewonnene, kalt gepresste Olivenöl. Eine Spezialität ist das Arganöl, das in einem aufwendigen Prozess aus den gerösteten Kernen der gelben Arganienfrüchte gepresst wird und nussartig schmeckt. Es wird in Kooperativen in Südmarokko verkauft.

Süße Verlockungen

In den Neustädten locken moderne Pâtisserien mit einer großen Auswahl an Gebäck, in der Medina sind es meist kleine Backhäuser oder Verkaufsstände, an denen die vielen verschiedenen Keksvariationen in Häuflein angerichtet sind. Die köstlichen Plätzchen mit Sesam, Mandeln, Rosinen und Honig kann man für einen unglaublich niedrigen Preis erstehen. Die harten Kekse mit Rosinen und Mandeln beispielsweise schmecken ähnlich wie die toskanischen Cantuccini. Die halbmondförmigen, mit Sesam bestreuten Gazellenhörner *kaab el-ghazal* haben eine weiche Man-

1 In einem traditionellen Palastrestaurant der Medina von Fès, dem »El Khaima«. **2** Die marokkanische Küche lässt niemanden hungern. **3** und **4** Zwei Nationalgerichte: *Tajine* und *Couscous*.

delfüllung, die klassisch runden Kekse *ghoriba* sind entweder mit einer Mandel oder mit Sesam garniert. In besseren Hotels steht ein Pyramidentablett mit frischen Plätzchen auf dem Zimmer.

»bismillah!« – Begrüßungsmilch und Teezeremonie

Gebäck wird traditionell zur Begrüßung mit *thé à la menthe* gereicht. Manchmal gibt es auch Datteln und frische Kamelmilch als Willkommensgeschenk. Der zuckersüße Tee ist in den nordafrikanischen Ländern allgegenwärtig und das gemeinsame Teetrinken hat eine wichtige soziale Funktion. Außerdem ist ein Glas Tee in der Hitze der Wüste nebenbei wohl das erfrischendste Getränk. Findige Händler bieten ihn – vor der selbstverständlich unverbindlichen Teppichpräsentation – als *whiskey marocain* an. Der grüne chinesische Tee wird mit sehr viel Zucker und aromatischer Nanaminze in der Kanne serviert. Dazu gehört ein Tablett, auf dem die Teegläschen angeordnet sind. Nun beginnt die eigentliche Zeremonie: Der Tee wird mehrmals im großen Bogen von der Kanne in ein Glas gefüllt und wieder zurückgegossen, bis die obligatorische Schaumkrone und das richtige Gemisch entstehen. Schließlich bekommt der Gast den Tee gereicht, erhebt mit *»bismillah!«* das Glas und trinkt es schlürfend aus. Ein arabisches Sprichwort besagt, dass immer drei Gläser getrunken werden sollen: »Das erste Glas ist süß wie die Liebe, das zweite hart wie das Leben und das dritte bitter wie der Tod.«

Menüfolge rund um Couscous, Tajine, Mechoui und Bastilla

Ein marokkanisches Festmahl beginnt mit köstlichen Vorspeisen: Pasten aus Auberginen, Zucchini und Paprika mit Olivenöl, geriebene Karotten mit Orangensaft, Salate, Kichererbsenmus, gekochtes und rohes Gemüse. Danach folgen die Hauptgänge. Bekannt sind Couscous und Tajine (sprich: Taschin). Couscous ist das Nationalgericht und wird in fast allen nordafrikanischen Ländern gegessen. Es besteht aus Hartweizengrieß, der in einem Sieb über einem Eintopf aus Hammel-, Lamm- oder Hühnerfleisch mit sieben Gemüsesorten und Kichererbsen gedünstet wird. Dazu reicht man eine sehr scharfe Soße aus Harissa (Paprikapaste). Couscous gibt es in verschiedensten Variationen, vegetarisch oder süß mit Rosinen, Zimt und Mandeln.
Tajine wird in jedem marokkanischen Restaurant und häufig an Straßenständen, gegart auf kleinen Holzkohlegestellen, angeboten. Für die Zubereitung wird der typische Tontopf mit spitzhaubigem Deckel verwendet. Ein Tajine-Gericht kann aus gebratenem Hähnchen mit Mandeln, Rosinen und Oliven oder Rindfleisch mit Pflaumen und Mandeln oder verschiedenen Gemüsen bestehen. Das traditionelle Festmahl, das vor allem zum Opferfest Aïd alkabir zubereitet wird, ist Mechoui. Ein junger Hammel wird mit Knoblauch, Salz, Kreuzkümmel, Paprika und Cayennepfeffer gewürzt und mit Smen eingerieben, dem marokkanischen Butterschmalz, stundenlang am Spieß oder im Ofen gebraten. Auch Bastilla ist ein Festgericht: eine Art Pastete aus hauchdünnen Teigblättern, die mit Rosinen, Mandeln und Taubenfleisch gefüllt ist. Die Zubereitung ist aufwendig, daher ist sie in Restaurants auch entsprechend teuer und selten auf der Speisekarte zu finden. Besonders lecker als Vorspeise oder kleinere Mahlzeit ist die nahrhafte traditionelle Fastensuppe aus Lammbrühe, Lammfleisch, Linsen, Kichererbsen, gehackten Tomaten, Zwiebeln und frischen Kräutern und Gewürzen: Harira.
Zu allen Speisen isst man *chobs*, frisches Fladenbrot, das als Besteckersatz dient: Mit dem Brot in der rechten Hand greift man sich die Stücke aus der großen Schale, aus der alle gemeinsam um einen niedrigen runden Tisch sitzend essen. Als Nachtisch gibt es schließlich *oranges à la canelle,* Orangenscheiben mit Zimt. Und dann beginnt alles wieder von vorne mit dem *thé à la menthe* …

Verhalten in Marokko
Halal und Haram – Erlaubtes und Verbotenes

Selbstverständlich!

Führer nehmen

Es gibt staatlich lizenzierte und entsprechend in Fachwissen und Fremdsprachen ausgebildete Stadtführer, Landesführer sowie Bergführer. Um die Anmache durch *faux guides* und Wucherpreise zu verhindern, sollte man sich vorher über die Tarife (Touristenamt) informieren und nur offizielle Führer engagieren, gegebenenfalls auch einen Ausweis verlangen. Eigentlich ist es ist bei Strafe verboten, sich ohne Autorisation als Führer zu betätigen. Beim ersten Besuch einer Medina ist ein *guide* empfehlenswert. Vorsicht: Stadtführer erhalten Provisionen beim Einkauf in bestimmten Touristengeschäften – achten Sie darauf, nicht nur von Laden zu Laden geführt zu werden.

Handeln lernen

»Es gibt Preise für einzelne Gegenstände und solche für zwei oder mehrere zusammen. Es gibt Preise für Fremde, die nur einen Tag in der Stadt sind, und solche für Fremde, die hier schon drei Wochen leben. (...) Man möchte meinen, dass es mehr verschiedene Arten von Preisen gibt als Menschen auf der Welt.«

Elias Canetti beschrieb es sehr anschaulich: Außer für Lebensmittel muss in Marokko bei fast allem gehandelt werden. In den touristischen Souks von Marrakesch oder Agadir erreicht man so zum Teil bis zu einem Viertel des erstgenannten Preises. Allerdings sollte man nur mit dem Handeln beginnen, wenn ein echtes Kaufinteresse besteht. Wird der Handel abgebrochen: keinesfalls unter Kaufdruck setzen lassen!

1

Einladungen annehmen

Einer Einladung auf einen *whiskey berbère*, den süßen grünen Tee mit frischen Minzblättern, kann man in Marokko kaum entkommen. Es muss nicht jedes Teeangebot eines Souvenirhändlers angenommen werden, aber bei ernst gemeinten Einladungen ergeben sich interessante Kontakte und Gespräche. Bei einer privaten Einladung zum Essen sind kleine Gastgeschenke und Fotos aus Europa willkommen. Man isst auf Polstern auf dem Boden sitzend, nur mit der rechten Hand, die linke gilt als unrein. Die Schuhe werden ausgezogen und man sollte den Gastgebern nicht die Fußsohlen entgegenstrecken. Nehmen Sie sich Zeit, denn bis der Hauptgang serviert wird, können Stunden vergehen.

Mut zu eigenen Unternehmungen

Marokkos landschaftliche und kulturelle Vielfalt ist überwältigend – und sie wartet darauf, entdeckt zu werden! Auch bei einer Hotelbuchung mit Vollpension in Agadir oder Marrakesch lohnt es sich, in einen Bus zu springen, für einen Tag einen Mietwagen oder ein Taxi zu mieten und die Umgebung auf eigene Faust zu erkunden. Die Ausflugsprogramme der Hotels sind meist teuer, wenig authentisch und zeitlich viel zu knapp kalkuliert.

Bitte nicht!

Freizügige Kleidung

In einem islamischen Staat sind ärmellose, eng anliegende oder tief ausgeschnittene T-Shirts sowie kurze Hosen und Röcke keine angemessenen Kleidungsstücke. Vor allem auf dem Land, in den Bergen und in den Altstädten verletzt dies das Moralgefühl der Bevölkerung. Auch für die Wüste eignet sich am besten weite, langärmelige Baumwollkleidung. In den Bergen und in der Wüste kann es vor allem im Frühjahr, Herbst und Winter nachts sehr kalt werden: Warme Pullover und Anorak gehören ins Gepäck.

Schlepper und Nepper

Ein Fiat Uno mit einer Panne am Straßenrand und ein Mann, der ins nächste Dorf mitgenommen werden möchte – schon lauscht man dort der Teppichvorführung des Bruders. Ein Brief aus Deutschland, der dringend einen Übersetzer sucht – im Souvenirladen von Mohamed. Die Marokkaner sind einfallsreich und so gibt es unzählige Tricks, Touristen in einen Verkaufsladen zu locken und möglichst nicht mehr herauszulassen. Eine gesunde Portion Misstrauen gehört somit dazu, wenn man sich nicht ständig zwischen Souvenirs wiederfinden möchte. Ebenso verhält es sich mit touristischen Einrichtungen: Aussagen wie »Hotel/Restaurant/Sehenswürdigkeit hat geschlossen« sind meistens erfunden, um den Besucher zu einem anderen Haus zu führen, bei dem der Schlepper Provision erhält.

Bettelnde Kinder
In manchen Gegenden traktieren Kinder den Reisenden mit »Donnez-moi bonbon, cadeau, stylo, Dirham!«-Rufen. Kleine Geschenke sollte man aber immer nur gegen eine Leistung (etwa Auto bewachen, Weg zeigen) verteilen, um diese zum Teil schon aggressiven Betteleien gegenüber Touristen nicht noch zu fördern.

Wasser in der Wüste
Marokko hat wie alle Wüstenländer in längeren Trockenperioden zum Teil massive Wasserversorgungsprobleme. Auch die fortschreitende Wüstenbildung sowie die Senkung des Grundwasserspiegels aufgrund immer höheren touristischen Verbrauchs sind problematisch. Deshalb: Nicht jedes Hotel braucht einen gefüllten Pool, Handtücher und Bettwäsche müssen nicht jeden Tag gewaschen werden, das staubige Auto auch nicht und Golfplätze haben in der Wüste nichts zu suchen.

Wildes Fotografieren
Marokko ist voller wunderbarer Fotomotive, beim Fotografieren müssen jedoch einige Regeln eingehalten werden. Militärische Einrichtungen, Staumauern, Funk-/Antennenanlagen, Uniformierte etc. dürfen grundsätzlich nicht fotografiert werden. Nach strenger Koranauslegung ist allgemein jede bildliche Darstellung des Menschen verboten. Deshalb sollte man vor dem Ablichten von Menschen immer nach deren Einwilligung fragen – keine heimlichen Schnappschüsse!

Religiöse Stätten
Der Zutritt ins Innere von Moscheen, Zaouias und Marabouts ist für Nicht-Muslime verboten (wenige Ausnahmen: Hassan II. in Casablanca, Tin Mal). Auch Fotos von Betenden oder Gläubigen bei der rituellen Waschung, etwa durch den Moschee-Eingang, sind nicht erwünscht.

1 Mitten im Getümmel der Medina von Fès. **2** Aussichtsloge in einem Café am Djemâa el-Fna (Marrakesch). **3** Frischer Fisch gefällig?

Glossar

Aïn Quelle
Aït »abstammend von ...«, zur Bezeichnung eines Berberstamms
Amaziren / Masiren Berber
Bab Stadttor
Babuschen Lederpantoffeln
Bordj Fort, Festung
Chech langer Kopfschleier der Nomaden
Dayet kleiner See
Dar Hofhaus
Derb Gasse
Djebel/Adrar Berg (arabisch, berberisch)
Djellabah Übergewand mit Kapuze
Erg Sanddünengebiet
Foundouk Herberge, Karawanserei
Gnaoua Musiker schwarzafrikanischen Ursprungs, Angehörige einer religiösen Bruderschaft
Gîte d'étape einfache Privatunterkunft für Wanderer

Hamam orientalisches Dampfbad
Igherm befestigter Speicher
Kasbah/Tighremt burgähnlicher Lehmkomplex der Berber in Südmarokko
Khaïma Nomadenzelt
Kissaria gedeckter Marktbereich
Marabout/Quobba islamischer Gelehrter/Heiliger, auch Bezeichnung seiner Grabstätte
Maison d'hôtes Traditionell gestaltetes Gästehaus in der Medina oder einer Kasbah.
Medersa Koranschule, theologische Hochschule
Medina orientalische Altstadt
Mellah Judenviertel
Moulay hochgestellte Persönlichkeit, Angehöriger des Königshauses
Moussem Fest zu Ehren eines Heiligen (Marabout)
Oued/Wadi zeitweise trockenes Flussbett
Riad Garten, Hofhaus mit Garten beziehungsweise begrüntem Innenhof
Suq, Souk Markt
Tadlakt Dekorative, marokkanische Verputztechnik mit Kalkmaterial
Tizi Pass
Ville Nouvelle von den Franzosen gegründete Neustadt
Zaouia Sitz einer religiösen Sekte, Bruderschaft, eines Ordens

Register

Personen

Orte, Sehenswürdigkeiten, Begriffe

Hotels

Impressum

Der Fotograf

Christian Heeb, 1962 geboren, ist einer der erfolgreichsten Reisefotografen weltweit. Seine Fotos und Bildreportagen erscheinen in Magazinen wie »Abenteuer & Reisen«, »Animan« und »Grands Reportages«. Er ist Bildautor von über 90 Büchern und zahlreichen Kalendern. Christian Heeb lebt auf einer Ranch in Bend, Oregon (USA). Er wird in Deutschland durch die Agentur laif in Köln vertreten. Seine Bilder werden international publiziert und ausgestellt. Mehr unter: www.heebphoto.com

Dank des Fotografen

Marokkanisches Fremdenverkehrsamt, Düsseldorf und den deutschsprachigen Guides für Marokko: El Hadj Dbibirha Regragu, Tel.: (212)-073-226236 (Handy) sowie für Fès: E. Louafi Hanaf, Tel.: (212)-072-040156

Die Autorin

Die Diplom-Geografin Astrid Därr (Jhg. 1977) ist seit ihrem ersten Lebensjahr in ganz Afrika unterwegs. Marokko bereiste sie zahlreiche Male mit dem eigenen Auto, auf Trekkingtouren und mit öffentlichen Verkehrsmitteln. Die freie Reisejournalistin und Reiseleiterin für Hauser exkursionen (*www.hauser-exkursionen.de*) ist Autorin verschiedener Bildbände und Reiseführer über Afrika. Sie lebt in der Nähe von München. Mehr unter: *www.daerr.net*

Dank der Autorin

Herzlichen Dank an alle Freunde und Bekannte in Marokko und Deutschland, die mir bei meinen Recherchen für dieses Buch behilflich waren. Für ihre Gastfreundschaft vor Ort bedanke ich mich bei Gaby Noack-Späth vom »Riad Noga« (Marrakesch), Azzedine Tazi vom »Palais de Fès« (Fès) und Peter Cheung von »Dar 23« (Tanger). Besonderer Dank gilt meinem Lebenspartner Martin Völker-Draxinger für seine Geduld und seine Unterstützung bei der Arbeit an dieser 2. Auflage.

Bildnachweis

Alle Bilder des Innenteils und Umschlags stammen von Christian Heeb, außer:
Astrid Därr: S. 4/5; 20 u.; 25 o.r.; 26 u.l.; 34 u.; 35 u.r.; 39 r.; 43 u.r., u. ganz r.; 54 M.o; 56 l.; 66 u.; 108 u.; 108/109; 109 u.l., u.r.; 116 o.r.; 118/119; 132 o.l.; 136 o.l.; 155 u.r.; 164 l.o.; 168 u.; 168/169; 176 u.l.; 176/177; 178 l.o.; 180 u.; 180/181.
picture-alliance/dpa, Frankfurt a.M.: S. 54 l.o., r.o.; 54/55; 56 l.o.

Umschlag

Vorderseite: Palais Salam in Taroudannt (großes Bild); auf dem Rosenfest Kelâa M'Gouna, Lehmarchitektur der Berber, in der Medina von Chefchaouen (oben, von l. nach r.).
Vordere Klappe: Im Erg Chebbi.
Rückseite: Die Djeema el-Fna, Sanddünen des Erg Chebbi, ein junger Gnaoua Musiker in Medina (von l. nach r.).

Alle Angaben dieses Bands wurden von den Autoren sorgfältig recherchiert und vom Verlag auf Stimmigkeit und Aktualität geprüft. Allerdings kann keine Haftung für die Richtigkeit der Informationen übernommen werden. Für Hinweise und Anregungen sind wir dankbar.
Zuschriften an den:
Bruckmann Verlag,
Produktmanagement,
Postfach 400209,
D-80702 München,
E-Mail: lektorat@bruckmann.de

Produktmanagement und Bildauswahl: Joachim Hellmuth
Textlektorat: Caroline Kazianka
Graphische Gestaltung: Rüdiger Wagner, Nördlingen
Karte: Astrid Fischer-Leitl, München
Herstellung: Bettina Schippel
Repro: Repro Ludwig, Zell am See
Printed and bound in Italy by Printer Trento

Die Deutsche Nationalbibliothek verzeichnet diese Publikation in der deutschen Nationalbiografie; detaillierte bibliografische Daten sind im Internet über htpp://dnb.d-nb.de abrufbar.

Die Erstauflage erschien 2007 unter dem Titel Zeit für Marokko – Traumziele wie aus 1001 Nacht in der Bucher Verlag GmbH.
© 2012 Bruckmann Verlag GmbH, München
Alle Rechte vorbehalten
ISBN 978-3-7654-5616-9

Unser komplettes Programm:
www.bruckmann.de